Meditaciones de un Minuto para Cada Día

"¡Anímense! Yo he vencido al mundo."

MEDITACIONES DE UN MINUTO PARA CADA DÍA

por
Rev. Bede Naegele, O.C.D.

Ilustrado

CATHOLIC BOOK PUBLISHING CORP.
Nueva Jersey

CONTENTS

NIHIL OBSTAT: Rdo. Darwin J. Lastra
Censor Librorum

IMPRIMATUR: ✠ Kevin J. Sweeney, D.D.
Obispo de Paterson

March 18, 2022

El Nihil Obstat e Imprimatur son declaraciones oficiales de que un libro o libreto es libre de error doctrinal o moral. Esto no quiere decir, de ningún modo, que los que han concedido el Nihil Obstat e Imprimatur están de acuerdo con sus contenidos, opiniones, o afirmaciones.

Traducido por Mons. C. Anthony Ziccardi, S.S.L., S.T.D.

(T-190S)

ISBN 978-1-953152-61-9

Empreso en China

catholicbookpublishing.com

Prefacio

De tamaño pequeño pero rico en contenido, esa es una descripción apropiada de *Meditaciones de un Minuto para Cada Día.*

Para cada día del año se extrae de la Sagrada Escritura un pensamiento, que no necesita mucho comentario, sino reflexión y oración.

El alma meditando cada día en estos pensamientos—que a la luz de la Revelación se dirigen directamente a nuestra voluntad—muy pronto adquirirá el sentido de la presencia de Dios.

Todo pensamiento será como una chispa que brota de las llamas del amor Divino, porque el alma adelantará esta conversación íntima, según la gracia y los deseos personales.

No hay nada difícil o abstracto, ni nuevo o complicado, en este pequeño libro, sino sólo la doctrina tradicional con su fuerza única.

Este libro es para todos: para los devotos y para la persona de la calle, sin distinción. El autor no se ha dirigido a personas jóvenes o adultas, ricas o pobres, o de una especifica condición espiritual. Quiere sólo servir a la verdad porque su trabajo es para todos, como la meditación debería ser.

Si hoy no es el tiempo de las palabras porque lo importante es la acción, entonces es también el momento de reflexionar. Es así especialmente para nosotros que vivimos en medio de una civilización que tiene el privilegio doloroso de obstaculizar al ser humano en su derecho a encontrarse a sí mismo—y más a su Dios. En nuestro tiempo, las palabras de Jeremías son las más apropiadas: "Toda la tierra está desolada, porque nadie lo toma a pecho" (Jr 12:11).

El Papa Pío XII dijo: "¡Es necesario renovar todo desde sus cimientos!" Éste es un fin que debería ser grabado en cada corazón. Pero este fundamento no es otro que nuestro acercamiento a Jesucristo y Su Palabra como la encontramos en las páginas del Evangelio. Lo que importa no es descubrir los secretos profundos del universo, sino comprender esta verdad sencilla: "Lo que no es eterno no es nada." Éste es Jesucristo Quien, por tanto, es la única Realidad.

Pero para comprender esto, tenemos que reflexionar y orar, según la advertencia de Jesús: "¡Estén alerta y oren!" Estas palabras fueron dichas no sólo a los de Su tiempo, sino a los de todos los tiempos, hasta la eternidad.

Quien quiera servirme que Me siga. —Jn 12:26

EN. 1

REFLEXIÓN. Sea éste mi objetivo: seguir a Jesús durante este año por todas las sendas por las que Él me conduce—por difíciles o angustiosas que sean.

¿Qué debo temer si el Maestro está conmigo y Él mismo me abre un camino? Por medio de la fe, yo sé que este sendero me conduce al Padre y llega a la victoria y la gloria.

ORACIÓN. *Oh Señor, tómame de la mano y llévame a mi meta dichosa: poseerte por toda la eternidad.*

Si alguno está en Cristo es una nueva criatura. —2 Cor 5:17

EN. 2

REFLEXIÓN. Si me hice una nueva creatura, la vieja naturaleza de pecado no puede reinar en mí. Toda mi vida—mis pensamientos, palabras, obras, y padecimientos—tienen que llevar el sello Divino.

Hoy quiero dedicarme a esto.

ORACIÓN. *Oh Señor, cada día concédeme un nuevo fervor, una energía flamante, y un amor más altruista. Erradica de me todo lo que no es de Ti, para que puedas siempre crecer más en mí.*

EN. 3 ***Echen en Cristo todas sus preocupaciones porque Él tiene cuidado de ustedes.*** —1 Pe 5:7

REFLEXIÓN. Dios dirige todas las cosas. ¡No sirve nada espantarme y apresurarme con ansiedad porque esto me hace olvidar a Dios!

No quiero olvidar hacer nada de lo que yo mismo tengo que hacer, pero quiero también poner en las manos de Dios todo lo que Él sólo puede hacer. Él cuida de mí.

ORACIÓN. *Mi Señor y mi Padre, líbrame de todas las preocupaciones terrenales y viles. En medio de la inquietud de este mundo, ayúdame para que pueda encontrar descanso en Ti.*

EN. 4 ***La actitud de ustedes debe ser como la de Cristo.*** —Flp 2:5

REFLEXIÓN. Si mi actitud fuera la de Cristo, mi vida y mis acciones serían purificadas de todo lo que es defectuoso, descuidado, mundano, y egoísta.

El ser cristiano conlleva dedicación. Quiero amoldar mi día según el Modelo Que es Cristo, para que sea provechoso espiritualmente por la eternidad.

ORACIÓN. *Mi Salvador, inspírame con Tu actitud, y hazme evitar todo lo que está opuesto a Ti. Que mi vida sea derecha como la senda que conduce al Padre.*

El Maestro está aquí y te llama.

—Jn 11:28

EN. 5

REFLEXIÓN. Dios me llama por medio de mi deber. Pero me llama también por lo sucedido de cada día y cada hora—las interrupciones y las contradicciones que Él me envía. ¿Me doy cuenta de esto?

Hay solamente una respuesta a esta llamada Divina. Es el decir con ánimo y fidelidad: "Estoy listo."

ORACIÓN. *Padre celestial, ayúdame para que pueda escuchar Tu llamada en todo lo que me pase. Que yo haga Tu voluntad con paciencia y alegría.*

Levántate, resplandece, tu luz ha llegado, la gloria del Señor brilla sobre ti.

—Is 60:1

EN. 6

REFLEXIÓN. Tengo que ser un testimonio vivo de Su gloria, tratando de mejorar mi vida espiritual—según el espíritu y voluntad de Cristo—en pobreza, humildad, y amor a Dios y los demás.

¿Puedo yo decir que soy una "epifanía," es decir, una manifestación de Dios? ¿Qué me falta?

ORACIÓN. *¡Mi Señor y mi Dios, otórgame la gracia para que pueda reflejar Tu imagen! Hazme percibirte en todo a fin de que pueda honrarte y amarte en todos.*

EN. 7 ***Dios Que es poderoso ha hecho cosas grandes por mí, y santo es Su nombre.*** —Lc 1:49

REFLEXIÓN. Cada día que pasa me declara que yo soy un hijo de la gracia: los beneficios de Dios son innumerable en mi vida diaria.

Por esta razón quiero darle gracias por medio de mi dedicación y mi fidelidad hasta mi muerte.

ORACIÓN. *Señor, no me dejes rechazar Tu misericordia. Perdona mis abusos de Tu gracia. En el futuro, sé misericordioso y poco severo conmigo.*

EN. 8 ***Los apóstoles dejaron todo y siguieron a Jesús.*** —Lc 5:11

REFLEXIÓN. ¡Dejar todo y seguir a Jesús! ¿Estoy listo para hacer esto?

¿Agarro algo en mi vida, algo que yo no quiero sacrificar, aun si Dios quiere que yo lo deje?

ORACIÓN. *Querido Señor, Tú me eres todo. Hazme amarte más de todo en este mundo. Concédeme que pueda dejar todo para encontrar a Ti.*

No sean perezosos, sino fervientes en espíritu. —Ro 12:11

EN. 9

REFLEXIÓN. ¡Cuántas veces yo defraudo a Dios en los acontecimientos pequeños de la vida diaria! A veces, lo hago faltando de fervor, y otras veces aspirando a cosas grandes y acciones grandiosas a causa de mi orgullo.

Pero, Dios no considera “cuánto” yo hago, sino “cómo”; por lo tanto, algo pequeño se hace grande si se emprende con mucho amor.

ORACIÓN. *Padre celestial, concédeme que sea celoso y fiel en las cosas pequeñas. Que todos mis días den gloria a Ti y que me aporten Tus bendiciones.*

Pero el Señor es fiel, y Él los fortalecerá y los guardará del maligno. —2 Te 3:3

EN. 10

REFLEXIÓN. La fidelidad de Dios debería ser mi consuelo y mi aliento cuando el atender a mis deberes me deja cansado y desanimado.

Mi Padre nunca me abandona. Me ayuda según la medida de mi fe.

ORACIÓN. *Dios fiel, fortalece mi fe. Hazme dispuesto y obediente en el cumplimiento de Tu voluntad, aun cuando es difícil.*

EN. 11 ***Así como ninguna rama puede dar fruto separada de la vid, así tampoco ustedes pueden dar fruto separados de Mí.*** —Jn 15:4

REFLEXIÓN. Sin Cristo y Su gracia, todos nuestros esfuerzos y nuestras acciones son en vano. Con Cristo y Su gracia, todo, hasta las acciones más insignificantes de nuestra vida diaria, dan fruto por toda la eternidad.

Mi cosecha será abundante sólo si me abandono a Su voluntad y si vivo la vida de la gracia.

ORACIÓN. *Mi Salvador, infunde en mí Tu gracia. Haz que lo que pienso, digo, o hago, y hasta mis acciones más rutinarias manifiesten Tu gracia actuando en mí.*

EN. 12 ***Vivan de manera digna del Señor.*** —Col 1:10

REFLEXIÓN. En mi vida de cada día estoy necesariamente ocupado con cosas ordinarias y seculares. Pero quiero santificar todo lo que hago por medio de intenciones sobrenaturales.

De esta manera, mi vida Le gustará a Dios y me permitirá alcanzar a Él.

ORACIÓN. *Padre, concédeme que mi vida sea un servicio sagrado a Ti. Que yo Te dé gloria a Ti y invoque Tus bendiciones sobre mí.*

Te basta Mi gracia. —2 Cor 12:9

EN. 13

REFLEXIÓN. ¡Cuántas veces me he hecho ilusiones porque he puesto mi confianza en mí mismo o en otras personas! ¿Por qué no recurro yo directamente a Dios?

Él es todopoderoso. Con Su gracia yo sería invencible, aunque las potencias del infierno se enfurecieran contra mí.

ORACIÓN. *Dios santísimo y todopoderoso, ayúdame para que recurra a Ti en cada necesidad y peligro. Ármame con Tu fuerza, para que supere toda dificultad.*

Los que en lágrimas siembran entre cantos recogen. —Sl 126:5

EN. 14

REFLEXIÓN. ¡Cómo podría yo aguantar esta vida terrestre, la cual es así pesada y onerosa, si no supiera que ella es sólo un instante en comparación con la eternidad! Ahora es el tiempo para sembrar, y luego la cosecha será recogida.

La eterna gloria se alcanza por medio de la perseverancia en todos los padecimientos de esta vida.

ORACIÓN. *Dios del amor, no me abandone en la oscuridad. Haz que mis problemas y mis necesidades enriquezcan mi alma y la lleven sin percance a la vida eterna contigo.*

EN. 15 *Ustedes son la sal de la tierra.*

—Mt 5:13

REFLEXIÓN. No estoy solo en el mundo. Al contrario, nací en una gran comunidad de almas con las cuales tengo obligaciones, no sólo como ser humano, sino como hijo de Dios.

¿Me doy cuenta de que puedo ser una influencia buena o inversamente una influencia mala en el mundo? ¿No comprendo que en el día del juicio final Dios juzgará no sólo mi alma, sino también las almas de mis prójimos?

ORACIÓN. *Señor mío y Dios mío, concédeme que Te lleve a todos por la manera de mi vida. Ayúdame para que pueda contribuir al mejoramiento del mundo.*

EN. 16 ***Si nos amamos unos a otros, Dios permanece en nosotros y Su amor se perfecciona en nosotros.***

—1 Jn 4:12

REFLEXIÓN. Poseo a Dios amándolo sobre todo y amando a los demás por Su amor, porque Dios es amor y esto es el justo mandamiento de Dios.

Por lo tanto, quiero encontrarme cariñosamente con todos los seres humanos, sin excepción, y entonces Dios Se quedará en mi corazón.

ORACIÓN. *Padre mío, proporcióname el espíritu de amor, y concédeme que Te vea en todos los seres humanos.*

Quien no reciba el Reino de Dios como un niño, no entrará en él.
—Mc 10:15

EN. 17

REFLEXIÓN. ¡Cuán poco Dios exige de nosotros para que entremos en Su Reino: ingeniosidad, fidelidad, y la humildad de un niño! Pero, para vencer el orgullo, Él exige mucha oración y mucho esfuerzo.

El Reino de Dios no se puede comprar, obtener por la fuerza humana, agarrar con astucia. Se da como un regalo a los que tienen el espíritu de un niño.

ORACIÓN. *Padre bueno, Te doy gracias porque puedo llamarme Tu hijo y heredero de Tu Reino. Dame la inocencia de un niño a fin de que pueda asegurarme de Tu amor paternal.*

Todos los que son guiados por el Espíritu de Dios son hijos de Dios.
—Ro 8:14

EN. 18

REFLEXIÓN. ¿Son motivadas mis acciones por gratificaciones y ventajas mundanas, o por la voluntad de Dios?

Toda mi vida debería respirar cosas Divinas porque ser un hijo de Dios es simultáneamente un regalo y un deber.

ORACIÓN. *Padre celestial, lléname de Tu Espíritu. Concédeme que sea Tu instrumento obediente en cada momento de mi vida.*

EN. 19 ***Honren en su corazón a Cristo como Señor.*** —1 Pe 3:15

REFLEXIÓN. Si creo que la presencia de Dios mora en mí, no admito en mí nada profano o indigno de Él. Evito todo lo que no está conforme con Su voluntad, porque Él es enteramente santo.

Mi único miedo tiene que ser desagradarle, y mi único interés debería ser darle toda adoración y toda honra a Él que es mi Señor.

ORACIÓN. *Espíritu Santo, ven y lléname de Tu gracia. Concede que Tu Reino venga y entre en mí y que a través de mí llegue a todos.*

EN. 20 ***Dios resplandeció en nuestros corazones para iluminación del conocimiento de la gloria de Dios.*** —2 Cor 4:6

REFLEXIÓN. Mi misión en el mundo es de ser una luz en las tinieblas y de guiar a los demás en su camino por las sendas de la vida.

Por lo tanto, tengo que esforzarme, con la ayuda de Dios, por recibir Su gracia, y así llevarlo a todos los que Lo necesitan.

ORACIÓN. *Buen Pastor, concédeme ser siempre Tu ayudante. Haz que Te sirva con fidelidad absoluta.*

En Cristo Jesús todos ustedes son hijos de Dios mediante la fe.
—Ga 3:26

EN. 21

REFLEXIÓN. Como hijos de Dios, debemos darnos en amor el uno al otro. Tenemos que ayudarnos mutuamente en nuestras angustias, como conviene a hermanos y hermanas.

¿Considero a todos los seres humanos como mis hermanos y hermanas? ¿Pienso que soy responsable de ellos y que tengo que cumplir con ellos ciertos deberes?

ORACIÓN. *Jesús, hermano mío, concédeme amar a todos los seres humanos como Tu Mismo los amas, a punto de sacrificarme mediante la abnegación total.*

Cualquiera que hace la voluntad de Mi Padre Que está en los cielos, ése es Mi hermano y Mi hermana y Mi madre. —Mt 12:50

EN. 22

REFLEXIÓN. Cuando habla la voluntad de Dios, todo lo demás tiene que callarse. Aun el más gran ser tiene que abajarse. Por encima de los lazos de sangre existe la comunidad de los que han hecho la voluntad de Dios.

Cristo les pertenece a ellos, y ellos Le pertenecen a Él, del mismo modo que hermanos y hermanas y madre se pertenecen el uno al otro.

ORACIÓN. *Señor, concédeme que haga Tu voluntad, no la mía, siempre y sobre todo.*

EN. 23 ***No se conformen a este mundo actual.*** *—Ro 12:2*

Reflexión. Mi meta es ser más y más semejante a Dios. Esto exige un cambio en lo íntimo de mi ser. Necesito ahora esa renovación de la mente y del corazón que me librará del espíritu del mundo y me atará a Cristo, por la acción del Espíritu Santo.

Tengo que examinarme para discernir donde estoy con relación a esto y pedir la gracia para cambiar lo que debe cambiarse.

Oración. *Dios misericordioso, líbrame de un espíritu mundano, para que yo Te sirva sólo a Ti con un corazón puro. Ilumíname por el Espíritu Santo para que me conforme a Ti.*

EN. 24 ***Con amor eterno te he amado; por eso te he prolongado Mi fidelidad.*** —Jr 31:3

Reflexión. Dios es esencialmente amor. Por eso, todo lo que me mande, ya sea causa de alegría o de sufrimiento, proviene de Su amor por mí.

Jamás puedo olvidarme de esto, especialmente en tiempos de dificultad o de aflicción.

Oración. *Padre amado, concédeme la seguridad de Tu amor. Entonces, aun en la hora de mi Getsemaní, nunca me faltará la paz en mi corazón.*

Yo soy el Pan de vida. El que viene a Mí nunca tendrá hambre. —Jn 6:35

EN. 25

REFLEXIÓN. El pan da vida y energía; pero tenemos que comerlo. Por lo tanto, nuestro Salvador, como Pan del alma, quiere ser recibido y comido con la recta disposición de dolor respecto al pecado, la humildad, y el reconocimiento por todos Sus dones confiados a nosotros.

La veneración y admiración no bastan para salvar al alma de la muerta y el hambre. ¿Por qué no me acerco más frecuentemente al Banquete Sagrado?

ORACIÓN. *Mi Señor fiel y Salvador, sé la comida de mi alma ahora y para siempre.*

Si alguno viene a Mí y no sacrifica el amor a su padre y a su madre, a su esposa y a sus hijos, a sus hermanos y a sus hermanas, y aun a su propia vida, no puede ser Mi discípulo. —Lc 14:26

EN. 26

REFLEXIÓN. El Salvador quiere aliados, no simpatizantes. Tengo que renunciar aun a los más queridos si ellos me impiden seguir a Cristo.

¿Estoy listo para hacer cualquier sacrificio, sin excepción, por causa de Cristo?

ORACIÓN. *Jesús mío, concédeme que pueda renunciar todo, aun las cosas más queridas, para que pueda estar contigo.*

EN. 27 ***No seas vencido por el mal, sino vence el mal con el bien.*** —Ro 12:21

REFLEXIÓN. El mal tiene una fuerza creativa. Si pago mal por mal, no venzo el mal, sino soy vencido por él y llego a ser su aliado.

Si al contrario opongo el bien al mal, destruyo las raíces del mal en mí con la ayuda de la gracia de Dios y hago mucho bien. ¿Por qué no me comporto siempre así?

ORACIÓN. *Señor, la victoria es siempre la Tuya. Fortaléceme para que pueda vencer el mal.*

EN. 28 ***Sean imitadores de Dios como hijos amados, y anden en amor.*** —Ef 5:1-2a

REFLEXIÓN. Hasta Su muerte, la vida de Cristo era llena de amor, sacrificio, y abnegación. Yo soy llamado a seguir Su ejemplo de amor.

Esto implica no vivir para mí, sino para Él, Que me amó primero, y para las personas en quienes Él quiere ser amado.

ORACIÓN. *Señor y Salvador mío, porque me amaba renunciaste todo para mí. Otórgame la gracia para que pueda devolverte Tu amor con amor, y Tu fidelidad con fidelidad.*

Tengan cuidado, por tanto, cómo oyen. —Lc 8:18

EN. 29

REFLEXIÓN. Dios me habla de varias maneras: por las Escrituras, por toda situación de mi vida, con sus placeres y sus padecimientos, y por las personas que yo encuentro.

¿Escucho y obedezco siempre Su voz? ¡Qué terrible si el Señor ya no me escuchara porque yo no escucho a Él!

ORACIÓN. *Habla, Señor; Tu siervo escucha.*

Como un niño destetado de su madre, así está mi alma dentro de mí. —Sl 131:2

EN. 30

REFLEXIÓN. La ambición y el egoísmo nos hacen exigentes, preocupados, y tristes. Cuanto más trato de conformarme con lo que Dios me dé y de renunciar a las cosas que Él me niegue, tanto más reposaré tranquilo y felizmente en Él.

Intentaré confiar en Dios como un niño satisfecho en los brazos de su madre.

ORACIÓN. *Señor, concédeme un verdadero amor hacia Ti y Tu gracia; entonces, seré suficientemente rico y no buscaré nada más.*

EN. 31 *Ustedes son la luz del mundo.*
—Mt 5:14

REFLEXIÓN. En mi contexto, ¿cómo puedo yo ser una luz que alumbrará la humildad oscura de la vida diaria, una luz que calienta, ilumina, y aviva?

Puedo hacerlo sólo si yo mismo quedo en el círculo luminoso de Dios. Cristo tiene que iluminarme. Entonces puedo radiar Su luz extensa y efectivamente.

ORACIÓN. *Señor mío y Dios mío, eres Tú mi luz y mi fortaleza. Haz que Tu luz jamás deje de brillar en mí.*

FEBR. 1 ***Todo el que se enoje con un hermano o una hermana será culpable de juicio.***
—Mt 5:22

REFLEXIÓN. Un mal pensamiento destruye la base de la sociedad humana y arranca la confianza mutua y el amor.

Por eso, Cristo exige una bondad perfecta y fraternal que no permitirá ni siquiera un mal pensamiento sobre el prójimo, porque no bastan la cortesía y favores externales. ¿Cuál es mi actitud para con mi prójimo?

ORACIÓN. *Dios de amor, haz que mi corazón sea ampliado y mi amor enriquecido. Que yo sea siempre digno de Tu amor.*

El mundo con sus seducciones está pasando, pero los que hacen la voluntad de Dios permanecen para siempre. —1 Jn 2:17

FEBR. 2

REFLEXIÓN. Yo formo parte también del mundo y estoy sujeto a su ley temporal. Pero el amor de Dios me ha llamado a la eternidad. Vivo, para ser renovado; muero, para vivir para siempre.

¿Será mi vida una de gozo perpetuo o no? Esto depende de mi cumplimiento fiel de la voluntad de Dios. ¿Estoy haciendo fielmente Su voluntad?

ORACIÓN. *Padre celestial, haz que yo ande siempre en Tu vida. Concédeme participar un día en Tu felicidad perpetua.*

FEBR. 3

No tenemos aquí ciudad permanente; buscamos la que está por venir. —Heb 13:14

REFLEXIÓN. La fe en la eternidad no busca huir del mundo, sino vencerlo. No declarémonos incompetentes, sino sagrados. Ocupémonos de nuestras tareas diarias con coraje y alegría, llevando nuestra meta eterna en nuestro corazón, para que no nos falte la perseverancia.

Esto debería ser nuestra labor diaria. ¿Estoy a la altura de esto?

ORACIÓN. *Señor mío y Dios mío, dame un anhelo profundo de Ti, a fin de que el mundo no me esclavice.*

FEBR. 4 ***Vengan aparte a un lugar desierto y descansen un poco.*** —Mc 6:31

REFLEXIÓN. Nuestra vida interior requiere lo mejor; necesita la solitud. De hecho, el alma necesita tiempos de silencio para que no sea superada por la disipación. De este modo, puede ser concentrada en Dios y preparada para todas las tareas y luchas próximas.

En este momento de meditación, comunicamos con Dios y lo que Él espera de nosotros. ¿Busco con regularidad este silencio?

ORACIÓN. *Señor, tranquiliza mi alma, para que pueda calladamente escuchar y atesorar Tu palabra.*

FEBR. 5 ***Cuando soy débil, entonces soy fuerte.*** —2 Cor 12:10

REFLEXIÓN. En sí mismos, los seres humanos son nada; pero con la gracia de Dios, son todo. Dios otorga Su gracia a todos los que reconocen su propia debilidad y rezan con humildad y confianza.

ORACIÓN. *Dios eterno, haz que reconozca las riquezas de Tu gracia. Que para siempre esté agradecido a Ti y sea digno de recibir gracia adicional a fin de que pueda reforzar mi vida espiritual.*

Si ustedes guardan Mis mandamientos, permanecerán en Mi amor. —Jn 15:10

FEBR. 6

REFLEXIÓN. Dios desea hijos obedientes que muestran su amor cumpliendo fielmente sus deberes.

El amor no es sólo una emoción, sino una acción, una acción viva. ¿Se puede decir esto sinceramente de mi amor?

ORACIÓN. *Padre misericordioso, sálvame de la indiferencia y de la adoración simplemente exterior. Que yo trate siempre de andar con fidelidad mayor en el camino de Tus mandamientos.*

Dios es amor. Y quien permanece en el amor, permanece en Él. —1 Jn 4:16

FEBR. 7

REFLEXIÓN. Dios es amor. Por eso, todo lo que Él hace o permite es la consecuencia de Su amor.

¡Qué lástima que Su amor a menudo no se reconozca o se entienda mal!

ORACIÓN. *Dios inefable, hazme pensar en Ti no egoístamente. Que descubra Tu amor en todo, para que mi vida sea verdaderamente feliz y bienaventurada.*

FEBR. 8 ***Mientras vivimos, llevamos siempre en nuestro cuerpo la muerte de Jesús.*** —2 Cor 4:10

REFLEXIÓN. No somos semejantes a Cristo si no participamos en Sus padecimientos. Su Pasión tiene que convertirse en mi pasión.

De esta manera se manifiesta Su vida en mí.

ORACIÓN. *Salvador del mundo, sé mi guía en todos mis caminos. Ayúdame para que en tiempos difíciles pueda permanecer fiel a Ti.*

FEBR. 9 ***Poder salía de Él y sanaba a todos.*** —Lc 6:19

REFLEXIÓN. Cristo quiere mostrarse poderoso en nuestra debilidad. Él espera sólo que nos acerquemos a Él con fe inconmovible.

Aún hoy se manifiesta Su poder. ¿Por qué no intento acercarme a Él?

ORACIÓN. *Dios todopoderoso, aumenta mi fe y mi confianza. Otórgame todas las gracias que necesito.*

Juan estaba vestido de pelo de camello, con un cinto de cuero a la cintura. —Mc 1:6

FEBR. 10

REFLEXIÓN. ¡Cuán distinto de Su percusor es Cristo! Su religiosidad es natural y optimista. Su mensaje es de gozo. Él no es triste o tenebroso de ningún modo. Todo está envuelto en luz y amor.

¿Cuál es mi actitud hacia este mundo? ¿Por qué pienso que tengo que ser no natural y oponerme a la vida para ser verdaderamente piadoso?

ORACIÓN. *Mi Salvador, Te doy gracias también por los bienes de este mundo. Haz que se conviertan en una bendición para mí.*

Cuando ores, entra en tu habitación, cierra la puerta, y ora a tu Padre en secreto. —Mt 6:6

FEBR. 11

REFLEXIÓN. Rezar en nuestra habitación significa sumergirnos interior y exteriormente en el silencio y el recogimiento. Esto no excluye de ninguna manera una alegre profesión de fe.

Cristo oró muy a menudo en público y a gran voz. ¿Tendría yo el valor de hacer lo mismo?

ORACIÓN. *Dios de santidad, lléname de temor santo en Tu presencia. Enséñame a orar a Ti.*

FEBR. 12 ***Este género no sale sino con oración y ayuno.*** —Mt 17:21

Reflexión. La oración por sí misma no es suficiente. Tiene que hacerse fecundo con el ayuno.

Esto significa por medio del sacrificio y de la negación de nuestros propios deseos, comodidades, y búsqueda de placer. Entonces se pueden realizar milagros.

Oración. *Dios eterno, Tu gracia es mi esperanza y mi fuerza. Otórgame un corazón dispuesto a sacrificarse alegremente, para que pueda ser digno de Tu ayuda.*

FEBR. 13 ***El sábado se hizo para el hombre, y no el hombre para el sábado.*** —Mc 2:27

Reflexión. La sumisión perfeccionista paraliza y mata. Los mandamientos de Dios se dieron para fortalecer y animar la vida del alma, no para asfixiarla.

El sello de Cristo es el amor. Cuando falta esto, la mera observancia de la ley no logra nada.

Oración. *Padre celestial, santifica mi corazón y llénalo del Espíritu de Tu amor. Concédeme que pueda crecer cada día más en este Espíritu Santo.*

Vayan también ustedes en Mi viña. —Mt 20:4

FEBR. 14

REFLEXIÓN. La viña de Dios no está solamente dentro del alma, sino también afuera. Es en el mundo donde manifestamos Su gracia en nuestra alma, haciendo todo por amor de Dios.

De esta manera, mis acciones ordinarias se convierten en trabajo en la viña del Señor. ¿Pienso en esto todos los días?

ORACIÓN. *Señor mío, Te entrego toda mi vida. Que todo lo que yo pienso, digo, hago, o sufro Te sea consagrado a Ti y bendito por Ti.*

Los que aman su vida la pierden; en cambio, los que odian su vida en este mundo las conservan para la vida eterna. —Jn 12:25

FEBR. 15

REFLEXIÓN. La vida natural es el fundamento de la vida espiritual; pero no puede convertirse en un fin en sí misma porque lleva dentro de sí la semilla de la muerte.

La vida espiritual está activa sólo donde hay sacrificio por amor de Dios.

ORACIÓN. *Dios de santidad, hazme fiel y fuerte. De buena gana sacrificaré todo lo que no Te agrada, para que un día pueda conseguir vida en Ti.*

FEBR. 16 *En esto sabemos que permanecemos en Dios y Él en nosotros: en que nos ha dado de Su Espíritu.* —1 Jn 4:13

Reflexión. Dios en mí y yo en Él. Esto significa que no debo dejarme dominar por mis instintos naturales, sino que debo permitir que el Espíritu Santo sea el motor de mi vida.

¿Es esto verdadero en mí?

Oración. *Dios eterno, derrama Tu Espíritu en mi corazón. Concédeme pasar por esta vida como un peregrino destinado al cielo.*

FEBR. 17 *Yo soy el camino.* —Jn 14:6

Reflexión. Así como el mar es necesario para los barcos que lo navegan, así nuestras almas necesitan a Cristo. Él es el Camino.

Los que no están en Cristo sino siguen su propio camino nunca alcanzarán su meta.

Oración. *Salvador mío, está siempre a mi lado y condúceme, a través de esta vida en la tierra, a Tu morada eterna, al Padre Tuyo y mío.*

Traten ustedes a los demás tal y como quieren que ellos los traten a ustedes. —Mt 7:12

FEBR. 18

REFLEXIÓN. Abstenerse del mal no es suficiente. Dios nos manda a hacer el bien.

¿Es ésta la regla de mi vida? Un día seré juzgado según mis obras de amor.

ORACIÓN. *Salvador amoroso, derrama Tu amor en mi corazón. Hazme listo y dispuesto a entregarme a los demás como Tú Te has dado a Ti mismo por mí.*

Sabemos que hemos pasado de la muerte a la vida porque amamos a los demás. —1 Jn 3:14

FEBR. 19

REFLEXIÓN. El amor al prójimo es signo de la nueva vida en Dios. Los que llevan a Dios dentro de sí y Lo aman ofrecerán su amor al prójimo también.

Los que no se preocupan por su prójimo demuestran que no han encontrado la vida en Dios o que la han perdido de nuevo.

ORACIÓN. *Padre de todas las criaturas, dame un corazón de niño. Haz que me acerque a mis hermanos y hermanas con amor y compasión.*

FEBR. 20 ***Cuando tú des limosna, que no sepa tu mano izquierda lo que hace tu derecha.*** —Mt 6:3

REFLEXIÓN. Buscar la gratitud y el reconocimiento de los seres humanos no es buscar la gloria de Dios, sino satisfacer nuestro propio orgullo egoísta.

Los que desean agradar a Dios deben hacer el bien por amor a Él. Por eso, cada ofrenda lleva la marca de una dedicación verdadera e incondicional.

ORACIÓN. *Señor, concédeme un amor puro que ni sabe ni desea otra cosa que darte honor y gloria.*

FEBR. 21 ***Cuando oren, no sean como los hipócritas.*** —Mt 6:5

REFLEXIÓN. El engaño y la hipocresía son veneno para el alma. Nada está oculto a Dios, y Él sabe lo que realmente somos.

¿Podemos intentar ser lo que no somos? Dios no se deja engañar por nuestros fingimientos.

ORACIÓN. *Luz eterna, amablemente ilumina mi espíritu. Concédeme andar siempre en verdad y humildad en Tu presencia.*

Yo pensaba que en vano había trabajado y por nada había gastado mi fuerza. —Is 49:4

FEBR. 22

REFLEXIÓN. Dios no conoce las palabras "en vano."

Todo lo que se hace por amor a Dios permanece y da fruto por toda la eternidad, aun cuando no se reconozca en este mundo.

ORACIÓN. *Padre amoroso, no mires lo que he hecho, sino lo que quería hacer. Que Tus bendiciones desciendan sobre mí. Y concédeme que un día mi buena voluntad participe de la gloria que has preparado para los que hacen Tu voluntad.*

Ustedes son piedras vivas que deben edificarse en una casa espiritual. —1 Pe 2:5

FEBR. 23

REFLEXIÓN. ¡Qué honor y distinción es el ser piedras utilizadas en la edificación del templo de Dios! Pero debo dejarme cincelar y moldear por Dios. Si no, seré rechazado por Él como una piedra inútil.

¿Tengo siempre conciencia de esta obligación?

ORACIÓN. *Padre mío, Te doy gracias porque me cuidas. Que Tu voluntad se cumpla en mí.*

FEBR. 24

Cuando ustedes digan "sí," que sea realmente sí; y cuando digan "no," que sea no. —Mt 5:37

REFLEXIÓN. La veracidad debe ser completa; si no, es falsedad. Sólo por medio de una veracidad perfecta e incondicional se puede ganar la confianza de los demás, no por afirmaciones y juramentos.

La confianza perdida a causa de la falsedad no puede recuperarse mediante una sobreabundancia de afirmaciones.

ORACIÓN. *Dios de verdad, haz que todo lo que yo diga o haga provenga de un corazón contrito y recto, para que un día sea digno de estar en pie delante de Ti.*

FEBR. 25

Todavía no ha llegado Mi hora. —Jn 2:4

REFLEXIÓN. La "Hora de Dios" nos une con Dios y nos libera de los seres humanos. Dios no falla. Cuando llega Su Hora, interviene.

Por tanto, necesitamos más paciencia y confianza en Su santa voluntad y en Su Divina Providencia.

ORACIÓN. *Padre celestial, concédeme que ponga todo en Tus manos. Guíame por el camino de mi vida y haz que yo obedezca Tu Divina voluntad con fe sólida.*

Jesús no le respondió nada.

—Lc 23:9

FEBR. 26

REFLEXIÓN. Jesús nunca fuerza nuestra voluntad o nuestro amor. Él queda en silencio cuando renunciamos a Él por el pecado o por nuestra falta de respuesta a las gracias que Él nos envía.

Cuando nos parece que Él esté lejos, debemos examinar nuestra actitud hacia Él.

ORACIÓN. *Salvador mío, quédate cerca de mí. Hazme escuchar siempre Tu voz y realizar todo lo que me mandas.*

Si alguien te da una bofetada en la mejilla derecha, vuélvele también la otra.

—Mt 5:39

FEBR. 27

REFLEXIÓN. Los poseídos por el mal no mejoran cuando el mal se paga con otro mal; son conquistados sólo por el bien

Soportar las injusticias con paciencia es el verdadero significado del amor, y sólo esto tiene valor redentor. ¿Estoy preparado para amar así?

ORACIÓN. *Dios eterno, ayúdame a sufrir por los demás para que yo consiga Tus bendiciones para ellos y para mí.*

FEBR. 28 *Tal obediencia es la voluntad de Dios.... Vivan como personas libres, pero no hagan de su libertad un pretexto para hacer lo malo.* —1 Pe 2:15-16

REFLEXIÓN. Los seres humanos están libres, pero quedan sujetos para siempre a Dios. De esta manera, la libertad se protege de los abusos que producen el mal.

¿Me siento completamente responsable de todo lo que hago o dejo de hacer?

ORACIÓN. *Padre todopoderoso, hazme cumplir con todos mis deberes. Muéstrame Tu voluntad, y concédeme que ella sea mi única regla de conducta.*

MZO. 1 *Si alguien quiere ser Mi discípulo, tiene que negarse a sí mismo.* —Mt 16:24

REFLEXIÓN. La lucha contra sí mismo no es fácil y exige un esfuerzo constante. Su propósito es desembarazarse de todo lo que nos separa de la voluntad de Dios.

Pero la recompensa es grande, y con la gracia de Dios y nuestro propio esfuerzo llegamos a ser personas mejores: discípulos de Cristo.

ORACIÓN. *Señor y Salvador mío. Seguirte es una gracia. Otórgame la constancia y un espíritu de sacrificio para que durante los tiempos difíciles yo no olvide mi meta gloriosa.*

Mi alma está triste, hasta la muerte. —Mt 26:38

MZO. 2

REFLEXIÓN. El Salvador estaba al límite de Sus fuerzas, afligido, y extenuado. Pero Se entregó a la voluntad de Su Padre, y el Padre Lo consoló.

Pensaré en esto en la hora de mi Getsemaní, cuando no encuentre a nadie que me consuele.

ORACIÓN. *Padre celestial, está siempre cerca de mí y fortaléceme, hijo Tuyo, como hiciste con Tu Hijo Divino. Que Tu santa voluntad se cumpla en mí y por medio de mí.*

¿Acaso no he de beber la copa que el Padre me ha dado? —Jn 18:11

MZO. 3

REFLEXIÓN. La copa del Padre viene de las manos del Padre. Por eso, nuestro Salvador la bebe, sabiendo que contiene los pecados del mundo entero.

¿Por qué dudo en beber mi copa? ¿No entiendo que es parte del plan salvador de Dios?

ORACIÓN. *Padre mío, en Ti confío. Fortalece mi debilidad, y hazme siempre más generoso en el espíritu de sacrificio.*

MZO. 4 ***Los que son de Cristo han crucificado la carne con sus pasiones y deseos.*** —Ga 5:24

REFLEXIÓN. Es una contradicción evidente e imposible desear pertenecer al Cristo inocente y, al mismo tiempo, seguir viviendo en el pecado.

Una vida de unión con Cristo exige la crucifixión diaria de la carne, la negación absoluta de todo lo que nos separa de Él.

ORACIÓN. *Cordero de Dios, toma mi corazón con todas sus debilidades y errores. Hazme aborrecer el pecado y servirte con amorosa dedicación toda mi vida.*

MZO. 5 ***En esto hemos conocido Su amor—en que Él puso Su vida por nosotros.*** —1 Jn 3:16

REFLEXIÓN. Dios nos ha amado hasta la muerte en la Cruz, hasta la locura, como nos dice San Pablo. Nunca podremos dudar del amor de Dios por nosotros.

Todo lo que proviene de Sus manos es amor, solamente amor, amor Divino.

ORACIÓN. *Amorosísimo Redentor, Te doy gracias porque me amas tanto que moriste por mí. Concédeme que pueda amarte a Ti de modo parecido.*

También nosotros debemos poner nuestras vidas por los hermanos.

—1 Jn 3:16

MZO. 6

REFLEXIÓN. Amar significa dar nuestro tesoro especial, nuestro propio ser, nuestra propia vida. ¿Estoy listo para hacer esto?

¿Es mi vida fiel a las palabras: "Uno por todos"? Sólo así puedo ser semejante a Cristo y digno de Cristo.

ORACIÓN. *Oh mi Salvador, toda Tu vida fue una inmolación amorosa. Concede que mi vida se llenará de obras de amor, para que llegue a ser como Tú.*

Padre Mío, si es posible, pase de Mí esta copa; pero no sea como Yo quiero, sino como Tú.

—Mt 26:39

MZO. 7

REFLEXIÓN. Padre mío, si es posible.... Pero esto no era posible para la Redención.

De la misma manera, Dios no puede apartar de mí ciertas copas, porque esto es necesario para mi salvación.

ORACIÓN. *Padre, yo sé que no es la voluntad humana sino Tu voluntad la que es nuestro Paraíso. Hágase también en mí sólo Tu voluntad.*

MZO. 8 ***Hoy estarás conmigo en el paraíso.*** —Lc 23:43

REFLEXIÓN. Ésta es la respuesta de Dios al grito suplicante del ladrón arrepentido.

Dios no rechaza a nadie que, incluso en el último momento, Le levanta su corazón anhelante y arrepentido.

ORACIÓN. *Padre celestial, me presento delante de Ti como el hijo pródigo. Sé misericordioso e indulgente conmigo, especialmente en la hora de mi muerte.*

MZO. 9 ***¿Acaso no tenía que sufrir el Mesías estas cosas antes de entrar en Su gloria?*** —Lc 24:26

REFLEXIÓN. Cada camino doloroso es un camino Divino que puede llevarme a la felicidad eterna.

Por eso, quiero proseguir en él por la fuerza que es mía mirando a Él que va delante de mí y me ayuda a cargar con mi cruz.

ORACIÓN. *Dios de amor, la Cruz es para mí la llave del paraíso. Haz que no olvide nunca de esto para que jamás lo rechace.*

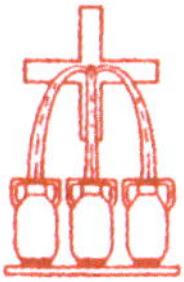

La piedra que desecharon los constructores ha venido a ser la piedra angular. —Sl 118:22

MZO. 10

REFLEXIÓN. Rechazado por los seres humanos el Viernes Santo, reconocido por Dios el Domingo de Resurrección, y escogido como la piedra angular—Cristo está en el centro de la historia.

Los que ponen sus cimientos en Él y Su Iglesia nunca se perderán. Pero los que Lo rechazan, ellos mismos serán rechazados.

ORACIÓN. *Cristo, Rey mío, prometo ser obediente y fiel a Ti hasta la muerte.*

La victoria que vence al mundo es nuestra fe. —*1 Jn 5:4*

MZO. 11

REFLEXIÓN. La fe tiene un poder conquistador sobre el mundo. Nos une al Conquistador del mundo, resucitado de la tumba.

Cuanto más sólida sea mi fe en Cristo Jesús, nuestro Señor, tanto más triunfaré sobre el mundo con sus dolores y sus alegrías.

ORACIÓN. *Padre celestial, concédeme una fe viva para que pueda descubrir cosas eternas detrás de las que son meramente humanas y así pueda llegar felizmente a mi morada eterna.*

MZO.
12

En el mundo afrontarán aflicciones. Pero ¡anímense! Yo he vencido al mundo. —Jn 16:33

REFLEXIÓN. La esencia del mundo es la exaltación humana del yo. Cristo venció esto por Su obediencia.

Nosotros también lo venceremos si primero conquistamos nuestra naturaleza egoísta y nos abandonamos totalmente a Dios. ¿Estoy listo para hacer esto?

ORACIÓN. *Señor, concédeme morir al mundo a fin de que viva sólo para Ti.*

MZO.
13

La paz les dejo; Mi paz les doy. —Jn 14:27

REFLEXIÓN. Cristo ha relacionado la paz con Su persona. Lejos de Él y privado de Él, el mundo quedará eternamente sin paz.

Felices los que Lo acogen y se refugian en Su paz. ¿Estoy yo en este grupo?

ORACIÓN. *Dios de paz, pon fin a las luchas del mundo y otórganos Tu paz.*

Si hemos muerto con Cristo, creemos que también viviremos con Él. —Ro 6:8

MZO. 14

REFLEXIÓN. A través de la lucha, la victoria; a través de las tinieblas, la luz; a través de la muerte, la vida.

Esto se ha prometido a todos los que perseveren hasta el fin en el camino de la Cruz en esta vida terrenal.

ORACIÓN. *Padre mío, dame paciencia en todas mis aflicciones. Haz que bajo el peso de la Cruz nunca olvide la bendición de la Cruz.*

Yo les doy vida eterna y jamás perecerán. Nadie las arrebatará de Mi mano. —Jn 10:28

MZO. 15

REFLEXIÓN. Los cristianos pueden caer. Pero, tomando la mano misericordiosa del Buen Pastor, nunca perecerán.

El amor y la fidelidad eternos de Dios son más fuertes que todas las faltas y defectos de los seres humanos.

ORACIÓN. *Dios mío, verdaderamente infinitas son Tu bondad y Tu misericordia. Acepta, entonces, "la acción de gracias" de mi vida; sea mi corazón siempre puro y santo, para que Tú habites en él.*

MZO. 16

Mis pensamientos no son los de ustedes, ni sus caminos son los Míos. —Is 55:8

Reflexión. Cualquiera que no piense como piensa Dios, tampoco andará en los caminos de Dios. Otros caminos presuponen otros pensamientos.

Si piensas siempre en las cosas que son de Dios, tus caminos serán los caminos de Dios.

Oración. *Señor, líbrame del egoísmo. Concédeme que en todos mis caminos Tu voluntad sea mi estrella guía.*

MZO. 17

Más les vale que Yo Me vaya. —Jn 16:7

Reflexión. El regreso de Cristo al Padre sirvió de ayuda a los discípulos: maduraron en la fe. Sus esperanzas no se destruyeron, sino que se cumplieron.

Por lo tanto, Dios a menudo nos quita algo, pero sólo para darnos algo mejor. Él destruye y rompe para que sobre las ruinas terrenales se erija el templo del Espíritu Santo.

Oración. *Señor, haz lo que quieras: Tú lo sabes todo. En Ti confío completamente.*

Y acuérdense que Yo estoy con ustedes siempre, hasta el fin del mundo. —Mt 28:20

MZO. 18

REFLEXIÓN. Él estará con nosotros "siempre"—por eso, incluso hoy en día, en cada necesidad del alma o del cuerpo, Él está allí.

Nunca Se deja engañar ni Se impacienta, sino que siempre está dispuesto a ayudar. Entonces, ¿qué puedo temer todavía?

ORACIÓN. *Salvador misericordioso, quieres ser mi compañero en la vida. Concédeme quedar siempre cerca de Ti, aun cuando me llevas por el camino de la Cruz.*

José, su esposo era un hombre justo. —Mt 1:19

MZO. 19

REFLEXIÓN. Con estas palabras la Sagrada Escritura hace el mayor cumplido a San José. Era un hombre íntegro, que cumplía perfectamente sus deberes con Dios, con su prójimo, y consigo mismo.

Por fidelidad a la voluntad de Dios en todas las dudas y pruebas—no por cosas extraordinarias—mereció ser el padre adoptivo del Hijo de Dios y el esposo de Su Madre Virgen.

ORACIÓN. *San José, que yo te siga cumpliendo con mis deberes con dedicación y fidelidad, para que yo también pueda ganarme el favor de Dios.*

MZO. 20 ***Como buenos administradores de la multiforme gracia de Dios, pongan sus dones al servicio los unos a los otros, según cada uno lo recibió.*** **—1 Pe 4:10**

REFLEXIÓN. Servir significa dedicarnos a los demás. Implica ofrecerles a ellos nuestro tiempo, fuerza, manos, y corazón.

¿Es mi vida de servicio a los demás? ¿O vivo yo sólo para mi beneficio?

ORACIÓN. *Mi Señor y Salvador, concédeme verte en todos los seres humanos, para que pueda servirte a Ti desinteresadamente a través de ellos.*

MZO. 21 ***Ustedes son linaje escogido, real sacerdocio, nación santa, pueblo de Dios.*** **—1 Pe 2:9**

REFLEXIÓN. Propiedad inalienable de Dios, ¡qué gran honor! Pero al mismo tiempo ¡qué gran obligación! Quienes deseen pertenecer a Dios deben vivir en conformidad con este alto honor; deben llevar una vida santa.

¿Aspiro a esto, al menos en la medida en que puedo?

ORACIÓN. *Dios de majestad, ayúdame a caminar siempre delante de Ti como conviene a un verdadero hijo de Dios.*

Por la gracia de Dios soy lo que soy. —1 Cor 15:10

MZO. 22

REFLEXIÓN. Estas palabras de San Pablo parecen llenas de orgullo y presunción, pero en realidad son el fruto de la humildad, porque la humildad es verdad.

La humildad no niega el propio valor ni los logros. Al mismo tiempo, Le reconoce a Dios el crédito por estos.

ORACIÓN. *Dios de bondad, ¿qué sería de mí sin Ti? Quédate conmigo para que no emplee mal Tus dones. Concédeme siempre mostrarte mi gratitud por ellos llevando una vida cristiana.*

¿Quieres ser sano? —Jn 5:6

MZO. 23

REFLEXIÓN. Nuestra voluntad es necesaria para cada hora de gracia. Pero debe ser una voluntad sincera y valiente, lista para el sacrificio.

Entonces ella abrirá todas las puertas para que la gracia entre y obre eficazmente.

ORACIÓN. *Dios de amor, Tú haces depender Tu gracia de mi voluntad. Sigue fortaleciendo y guiando mi voluntad para que mi alma esté siempre abierta a Tu gracia.*

MZO. 24

Yo sé en Quién he creído.

—2 Tim 1:12

Reflexión. ¿Por qué fallamos tan a menudo? La razón subyacente es que nuestra fe es muy débil. Carece de poder, alegría, decisión, y certeza victoriosa.

Sin embargo, Dios Mismo es el fundamento de la fe. En Él está toda la garantía y la defensa de la salvación.

Oración. *Dios todopoderoso, que mi fe no se turbe por nada, y haz que todas las cosas sirvan para mi salvación.*

MZO. 25

María dijo: "Soy la sierva del Señor."

—Lc 1:38

Reflexión. ¡Qué magnífico programa de vida! Ser siervo del Señor, es decir, estar siempre a la disposición de Dios, listo para considerar la vida con todas sus alegrías y dolores como una misión sagrada que nos ha encomendado el amor de Dios. Y cumplir esta misión con toda la generosidad de nuestro corazón.

¿Es verdaderamente esta palabra de María la que me guía cada día y me indica el camino recto de vida?

Oración. *Oh María, fiel sierva del Señor, consígueme la gracia de vivir como tú, según la voluntad de Dios hasta la muerte.*

En la casa de Mi Padre hay muchas moradas. —Jn 14:2

MZO. 26

REFLEXIÓN. Nuestra patria está en los cielos. La casa del Padre está allí.

En este mundo, por el contrario, incluso el lugar más dulce debe considerarse extraño y transitorio, un mero lugar de parada. ¿Entiendo esto?

ORACIÓN. *Salvador y Hermano mío, estés cerca de mí para que el camino de mi vida siempre me lleve hacia el cielo.*

En Tus manos está mi porvenir. —Sl 31:16

MZO. 27

REFLEXIÓN. Todo está en las manos de Dios: mi vida terrenal, su duración, sus circunstancias, todo lo que sucede, ya sea bueno o malo, sus pruebas y acontecimientos.

Por lo tanto, mi vida está en buenas manos que me protegerán y guardarán con sabiduría y amor eternos, con fidelidad y misericordia duraderas. ¿Cómo puedo tener miedo de alguna cosa?

ORACIÓN. *Padre celestial, siempre quieres lo mejor para mí. Guíame hacia mi propio bien, según Tu voluntad.*

MZO. 28 *Todo lo soporto por amor a los escogidos de Dios.* —2 Tim 2:10

REFLEXIÓN. Cada sufrimiento es una tarea que el amor eterno de Dios pone delante de los seres humanos. Cuando soportamos con paciencia los problemas, nuestra alma se enriquece y se vuelve más madura. Además, obtenemos bendiciones para las almas de los demás.

Tengo que acordarme de esto en medio de mis preocupaciones y mis sufrimientos. Entonces no me cansaré de llevar mi cruz o de hacer el bien.

ORACIÓN. *Padre, bendíceme, y por mí sean bendecidos también todos los que se acercan a mí.*

MZO. 29 *La paga del pecado es muerte, pero la dádiva de Dios es vida eterna en Cristo Jesús Señor nuestro.* —Ro 6:23

REFLEXIÓN. La muerte eterna y el infierno son el castigo por una vida de pecado sin arrepentimiento. Pero la vida eterna que no comienza ni termina con la muerte es un don puro de Dios y la recompensa por una vida de virtud.

La muerte o la vida—tengo que elegir entre ellas. ¿Cuál escogeré?

ORACIÓN. *Dios eterno, Te doy gracias por el don de poder elegir. Ayúdame a tomar la decisión justa.*

Sometan los espíritus a prueba para ver si son de Dios. —1 Jn 4:1

MZO. 30

REFLEXIÓN. No todo lo que brilla es oro. Lo que viene de Dios conduce a Él. Todo lo que no nos lleva a Dios viene del diablo.

Por tanto, debo ser prudente y discernidor en mis acciones. ¿Me ocupo de hacer esto?

ORACIÓN. *Sabiduría eterna, concédeme reconocer y lograr siempre lo que es bueno para mi propia salvación.*

Aprovechen bien el tiempo, porque los días son malos. —Ef 5:16

MZO. 31

REFLEXIÓN. A cada instante, la hora de Dios se escapa, porque el tiempo pertenece a la eternidad. El tiempo que se desaprovecha se pierde eternamente.

¿Cómo voy a recuperar lo que he desperdiciado hasta ahora?

ORACIÓN. *Señor y Padre, perdona mi negligencia y mi perverso desperdicio de tiempo. Concédeme recompensar mi descuido duplicando mi fidelidad.*

ABR. 1 ***Entonces entró Satanás en Judas.*** —Lc 22:3

REFLEXIÓN. El poder de las tinieblas es perverso. Toma a su víctima incluso dentro del círculo de los discípulos de Cristo.

Sin embargo, Dios no nos dejará caer, a menos que ya le hayamos abierto las puertas al diablo. Ningún discípulo de Cristo Lo traiciona, a menos que haya sido vulnerable durante mucho tiempo. ¿Está todo en orden en mí?

ORACIÓN. *Señor, ten piedad de mí. No dejes que caiga por impenitencia y me pierda para siempre. Concédeme encontrar mi morada en Ti.*

ABR. 2 ***El Reino de los cielos es como la levadura.*** —Mt 13:33

REFLEXIÓN. La levadura de la nueva vida en Cristo debe impregnar toda la vida interior de los cristianos. Si deseamos ser de Cristo, debemos ser completamente Suyos.

Por tanto, debería existir una sola cosa para mí: mi dedicación absoluta a la fe en todas sus dimensiones.

ORACIÓN. *Señor, concédeme fijar mis ojos siempre en Ti. Que toda mi vida se dedique únicamente a Tu servicio.*

Amén, amén, les digo, el que cree tiene vida eterna. —Jn 6:47

ABR. 3

REFLEXIÓN. La vida eterna no es algo que los cristianos esperan sólo en el futuro. También es algo que realmente poseen en forma de semilla en el presente.

Los que no la tienen ahora mediante la fe viva tampoco la tendrán después de la muerte. ¡Qué deber y responsabilidad para mí!

ORACIÓN. *Dios todopoderoso y eterno, ayúdame a beber todos los días de la fuente de Tu gracia. Haz que Tu vida Divina crezca constantemente en mí.*

No se cansen de hacer el bien. —2 Te 3:13

ABR. 4

REFLEXIÓN. Todo trabajo humano puede ser consagrado y ennoblecido, porque Dios no mira la cantidad sino la calidad de nuestras acciones. Todo lo que hacemos con una intención noble y sobrenatural es bueno.

¿Siguen este curso todas las acciones de mi vida diaria?

ORACIÓN. *Dios de santidad, concédeme que pueda vivir siempre para Tu gloria y así alcanzar mi salvación.*

ABR.
5

Amén, amén, les digo, el que oye Mi palabra y cree al Que Me envió, tiene vida eterna y no viene a condenación, sino ha pasado de muerte a vida. —Jn 5:24

REFLEXIÓN. Poseer la vida eterna ahora: esta es la gran promesa que Cristo hace a los que creen en Sus palabras, las guardan en su corazón, y las ponen en práctica.

Los que creen han pasado verdaderamente de muerte a vida y evitarán la condenación.

ORACIÓN. *Padre celestial, Tu bondad es mi vida. Concédeme servirte hasta que muera.*

ABR.
6

Si Dios está por nosotros, ¿quién está contra nosotros? —Ro 8:31

REFLEXIÓN. Si estoy de parte de Dios, entonces Él también está de mi parte. Puedo enfrentarme con valentía al mundo entero.

La verdadera dedicación nos hace valientes y valerosos, seguros de victoria.

ORACIÓN. *Dios poderoso, fortaléceme en Tu gracia. Haz que nada me haga daño y que todo contribuya a mi bien.*

ABR. 7

Ponte de acuerdo pronto con tu adversario, mientras estás con él en el camino al juzgado. —Mt 5:25

REFLEXIÓN. Dios nos juzga con clemencia si encuentra en nosotros la misericordia que es dispuesta a perdonar a los demás.

¿Por qué vacilo en tener compasión de mi enemigo? Para los dos, el camino de la vida puede llegar a un final repentino.

ORACIÓN. *Salvador misericordioso, ayúdame a mostrar misericordia a los demás, ya que espero recibir misericordia de Ti.*

ABR. 8

Comparte conmigo los sufrimientos, como buen soldado de Cristo Jesús. —2 Tim 2:3

REFLEXIÓN. Debo alejar de mí todas las formas de cobardía y despreocupación que sólo buscan el placer y rechazan las dificultades de la vida. El Reino de Dios debe aguantar las tribulaciones.

La fe no es un cojín suave, sino un regalo de Dios por el que debemos trabajar, luchar, y sufrir. Quiero reflexionar sobre esto cada día.

ORACIÓN. *Dios de misericordia, muéstrame la riqueza de Tu amor. Líbrame de todo egoísmo y concédeme dedicar toda mi vida a Ti para que dé mucho fruto.*

ABR. 9 *No lloren [a los muertos] como esos que no tienen esperanza.* —1 Te 4:13

REFLEXIÓN. Si todo terminara con nuestra muerte, la vida terrenal no tendría esperanza ni consuelo. Pero Dios no permite que desaparezcamos en la nada eterna.

Dios une a los seres humanos en el amor y los rodea con Su propio amor. Él no destruye lo que ha creado, sino que lo perfecciona.

ORACIÓN. *Dios mío y Señor mío, creo en la vida eterna porque Tú la prometiste.*

ABR. 10 *Que los hombres nos consideren servidores de Cristo y administradores de los misterios de Dios.* —1 Cor 4:1

REFLEXIÓN. Esto es verdad para todos los que desean ser cristianos auténticos.

Se me ha confiado algo muy precioso: mi alma inmortal, comprada con la Sangre de Cristo. ¿Me ocupo cada día de conservarla pura para la vida eterna?

ORACIÓN. *Señor, protege mi vida sobrenatural de todo peligro. Concédeme permanecer en Tu gracia para siempre.*

Todos tienen que comparecer ante el tribunal de Cristo para que cada uno sea recompensado, sea bueno o malo, según lo que hizo mientras vivió en el cuerpo. —2 Cor 5:10

ABR. 11

REFLEXIÓN. La vida terrenal decide la vida de una persona por toda la eternidad.

Todo lo que he sembrado con pensamiento, palabra, o hecho será mi cosecha ante el tribunal de Dios. ¿Cuál sería el juicio de Dios si fuera llamado ante Él en este mismo día?

ORACIÓN. *Padre, hazme constante en la fe. Ayúdame a producir frutos maduros para el cielo.*

A menos que ustedes cambien y se vuelvan como niños, no entrarán en el Reino de los cielos. —Mt 18:3

ABR. 12

REFLEXIÓN. Dios Se revela como Padre sólo a aquellos que son como niños. Los niños son libres y alegres, inocentes y sin preocupaciones, humildes y sencillos, fieles y confiados.

Para venir a ser como niños, es necesaria una transformación completa, una transformación capaz de desarraigar el menor egoísmo. ¿Veo en esto la tarea principal de mi vida?

ORACIÓN. *Padre eterno, otórgame un espíritu de niño, para que me ames como a Tu hijo.*

ABR. 13

No juzguen, y no serán juzgados. —Lc 6:37

REFLEXIÓN. ¡Cuántas veces nuestra conciencia es indulgente al juzgarnos a nosotros mismos, pero riguroso es nuestro corazón al juzgar las faltas de los demás! Debería ser al revés.

Aunque mi razón puede acusar, mi corazón bondadoso debe defender, y el juez debe ser la caridad cristiana. Esto conducirá a un juicio de amor, que un día me obtendrá un juicio misericordioso de Dios.

ORACIÓN. *Padre, sé bondadoso y misericordioso conmigo y con toda la humanidad.*

ABR. 14

Quien es de Dios escucha todo lo que Dios dice. —Jn 8:47

REFLEXIÓN. Dios todavía nos habla hoy. Su voz se puede oír en todos los acontecimientos de la vida, no sólo en los sucesos importantes, sino también en los insignificantes.

Sin embargo, Su voz se oye por los que toman consciencia de las cosas Divinas y no se han vuelto insensibles a causa de los vínculos mundanos. ¿A quién escucho?

ORACIÓN. *Padre mío, ayúdame a escuchar Tu voz cuando me hablas. Concédeme que responda siempre con alegría.*

Si vivimos, para el Señor vivimos, y si morimos, para el Señor morimos. Tanto en vida como en muerte pertenecemos al Señor.

—Ro 14:8

ABR. 15

REFLEXIÓN. ¡Pertenecemos al Señor tanto en la vida como en la muerte! Esto le da a cada vida humana un significado específico, una meta particular, y también una dedicación especial.

Esto irradia una luz reconfortante y victoriosa sobre cada sufrimiento, cada tristeza, y cada prueba.

ORACIÓN. *Padre bueno, no dejes que me olvide nunca de que siempre soy completamente Tuyo.*

Estamos atribulados por todas partes, pero no abatidos; perplejos, pero no desesperados. —2 Cor 4:8

ABR. 16

REFLEXIÓN. Este pasaje de la Escritura contiene un maravilloso y victorioso "pero" con el que el Apóstol vence todas las dificultades de la vida. A pesar de su debilidad, se siente fuerte; a pesar de su pobreza, rico; a pesar de su fragilidad, victorioso.

¿Por qué? Porque Dios está con él. Los que tienen a Dios lo tienen todo.

ORACIÓN. *Oh Señor, Te llevo en lo profundo de mi corazón. Quédate conmigo hasta el fin de vida.*

ABR. 17 ***Jesús dijo a los Doce, "¿Quieren ustedes también dejarme?"*** —Jn 6:67

REFLEXIÓN. ¿Qué pierde Dios si Lo dejo? Nada. No tiene necesidad de mí.

Pero yo lo pierdo todo si me alejo de Él, todo por el tiempo de esta vida y por la eternidad. Y esto ¿qué me hace?

ORACIÓN. *Dios mío, eres mi felicidad y mi vida. Concédeme estar siempre cerca de Ti y servirte fielmente, aunque a veces yo no alcance a verte y comprenderte.*

ABR. 18 ***Dichosos los que no han visto y sin embargo creen.*** —Jn 20:29

REFLEXIÓN. No es difícil el ver y creer. Pero el creer sin ver es posible sólo si se está profundamente convencido de la existencia de un Dios omnipotente.

Por eso, la fe llega a ser la parte heroica de nuestra vida. ¿Tengo esta fe?

ORACIÓN. *Mi buen Padre, creo firmemente en Tu eterna omnipotencia, en Tu sabiduría, y en Tu amor. Aumenta mi fe.*

El amor de Dios ha sido derramado en nuestros corazones por el Espíritu Santo Que nos ha sido dado. —Ro 5:5

ABR. 19

REFLEXIÓN. El Espíritu de Dios y el amor son lo mismo. Cuando no hay amor, el Espíritu Santo no está presente.

Pero, donde reina el Espíritu Santo, florece el amor a Dios y al prójimo. Esto me hace pensar mucho.

ORACIÓN. *Espíritu Santo, enciende los corazones de los fieles con el fuego de Tu amor.*

Tenemos esta confianza en Dios: si pedimos alguna cosa conforme a Su voluntad, Él nos oye. —1 Jn 5:14

ABR. 20

REFLEXIÓN. "Conforme a Su voluntad"—esto es lo importante del que debemos acordarnos cuando oramos y es la razón fundamental por la que no se escuchan ciertas oraciones.

Cuando la voluntad humana egoísta se opone a la voluntad de Dios, la oración es inútil.

ORACIÓN. *Señor mío y Dios mío, dame siempre sólo lo que es bueno para mi salvación. Hazlo, aunque no sea lo que yo considero bueno para mí.*

ABR. 21

¡Ay de ustedes, maestros de la ley y fariseos, hipócritas! Son como sepulcros blanqueados.

—Mt 23:27

REFLEXIÓN. Mi vida rebosa de obras de la gracia y misericordia de Dios. ¿He escuchado constantemente Su voz y he sacado provecho siempre de Su gracia?

La gracia no aprovechada se convierte en un juicio contra mí. Nunca tengo que olvidar esto.

ORACIÓN. *Dios mío y Padre mío, concédeme ver todo en Tu luz y ayúdame a hacer siempre Tu voluntad.*

ABR. 22

Procuren hacer firme su llamado y elección. Porque haciendo esto, nunca perecerán. —Pe 1:10

REFLEXIÓN. Dios me ha llamado y predestinado para la felicidad eterna. Sin embargo, es posible que no la alcance por mi propia culpa.

Tengo que amoldar mi vida a este llamado y, por la oración y los sacramentos, asegurarme de mi suerte. ¿Me esfuerzo por hacer esto?

ORACIÓN. *Señor, me concediste comenzar bien mi carrera. Concédeme también terminarla bien.*

Si hubieron sabido el significado de las palabras, "Misericordia quiero y no sacrificio," no habrían condenado a los inocentes.

—Mt 12:7

ABR. 23

REFLEXIÓN. Enorgullecerse de la propia virtud sin religiosidad es una abominación a los ojos de Dios.

Todos los sacrificios y actos de devoción se hacen en vano si quienes los practican carecen de compasión por el prójimo. Falta lo más esencial: el amor.

ORACIÓN. *Dios justo, otórgame Tu misericordia. Haz que me compadezca de los demás, aun cuando me resulte difícil hacerlo.*

Pero tú, cuando ayunes, unge tu cabeza y lávate la cara, para que no sea evidente ante los demás que estás ayunando, sino sólo ante tu Padre, Que está en lo secreto.

—Mt 6:17

ABR. 24

REFLEXIÓN. La vida espiritual es demasiado sagrada e íntima para exhibirse ante los demás. Es sólo entre Dios y el alma.

Cualquier otro motivo, aunque sea solamente el deseo de ser compadecido o reconocido, lo destruye todo.

ORACIÓN. *Padre mío, concédeme siempre buscarte sólo a Ti. Ayúdame a honrarte y recibir Tu beneplácito.*

ABR. 25

No piensas en las cosas de Dios sino en las de los hombres.

—Mt 16:23

REFLEXIÓN. Pedro es reprendido porque en su celo quiere desviar al Señor de su camino doloroso. ¡Esta reprobación también puede dirigirse a mí!

¿No prefiero trabajar para Dios antes que sufrir o derramar mi sangre por Él? Pero un camino solo conduce a Él: el camino de la Cruz.

ORACIÓN. *Mi Señor crucificado, concédeme un amor sincero por la Cruz. Que un día pueda participar de sus bendiciones.*

ABR. 26

Habiendo recibido a Cristo Jesús como Señor, sigan viviendo en Él.

—Col 2:6

REFLEXIÓN. El "Sí" de las promesas bautismales nos obliga a ser fieles hasta la muerte. Sin embargo, ¡cuántas veces este "Sí" contrasta vívidamente con el "No" de nuestra vida diaria!

Tengo que tomar en serio mi deber de caminar con Jesús. Esto significa que tengo que seguirlo en todos los caminos, incluso en el camino de la Cruz.

ORACIÓN. *Padre celestial, otórgame el espíritu de Cristo. Ya sea en gozo o en dolor, concédeme caminar de acuerdo con Tu deseo.*

Maestro, toda la noche hemos trabajado duro y no hemos pescado nada; pero como Tú me lo mandas, echaré las redes. —Lc 5:5

ABR. 27

REFLEXIÓN. ¡Es una pena trabajar en vano! Sin embargo, también significa esperar contra toda esperanza y confiar en Dios, incluso en la hora amarguísima de desánimo y desaliento.

La palabra de Dios y Sus bendiciones crearán algo nuevo, aún de una aparente ruina. ¿Por qué olvido esto?

ORACIÓN. *Señor mío y Dios mío, en Ti confío. Concede que me someta humilde y devotamente a Tu santa voluntad.*

Nosotros somos el templo del Dios viviente. —2 Cor 6:16

ABR. 28

REFLEXIÓN. Yo soy el templo de Dios. Esto significa no sólo una gran dignidad, una plenitud de gracia y bendición, sino también una plenitud de responsabilidad.

Si soy el templo del Dios viviente, nada profano debe habitar en mí. Por tanto, ¿qué cosas debo apartar de mi corazón para que Dios more en mí?

ORACIÓN. *Espíritu Santo, vuélvete a mí y lléname de Tu gracia. Concédeme vivir una vida santa y serte agradable.*

ABR. 29

Hijos, guárdense de los ídolos.
—1 Jn 5:21

REFLEXIÓN. El mundo conoce muchos ídolos a los que sirve. Algunos de ellos son el poder, la estima, el dinero, el placer, la ambición, y la pasión por otra persona o por el propio "ego."

El cristiano verdadero conoce y percibe sólo uno: Cristo, sólo Cristo, el Cristo total. ¿A quién o a qué sirvo yo más?

ORACIÓN. *Mi Señor y Salvador, líbrame de todo espíritu mundano. Concédeme seguirte con fidelidad y dedicación absoluta.*

ABR. 30

No Me escogieron ustedes a Mí, sino que Yo los escogí a ustedes.
—Jn 15:16

REFLEXIÓN. Por lo que soy y tengo, doy gracias al único Dios. Su gracia fiel está siempre conmigo en todo.

Esto debería ocasionar en mí no sólo una sincera humildad y un espíritu de gratitud filial, sino también el deseo de aferrarme a la mano extendida de Dios, para que ninguna de Sus gracias sea infructuosa en mí. ¿Es esto cierto en mi caso?

ORACIÓN. *Dios misericordioso, Te doy gracias por todas las gracias de mi vida. Perfecciona todo lo que has comenzado en mí.*

Engrandece mi alma al Señor.
—Lc 1:46

MY. 1

REFLEXIÓN. Ésta es la respuesta de la Madre de Dios al saludo de su prima Isabel. Para María hay un punto central alrededor del cual gira toda su persona, todo su ser: Dios, el Señor. Ella relaciona a Él todo, incluso las alabanzas que se le dan a ella.

¿Hago yo igualmente?

ORACIÓN. *¡Mi Dios y mi Todo!*

Nadie pone un remiendo de paño nuevo en un vestido viejo.
—Mt 9:16

MY. 2

REFLEXIÓN. Lo viejo y lo nuevo, la carne y el espíritu, son incompatibles. Por tanto, no sirve a nada cualquier apaciguamiento entre ellos.

Si, de acuerdo con los deseos de Dios, es necesario convertirse en un nuevo yo, el viejo yo terrenal debe ser anulado primero mediante la oración, la penitencia, y una transformación interior.

ORACIÓN. *Señor, crea en mí un corazón nuevo, un espíritu nuevo, y un entendimiento nuevo. Concédeme regocijar siempre en Ti.*

MY. 3 ***Ustedes no saben de qué espíritu son.*** —Lc 9:55 (La Vulgata)

REFLEXIÓN. El espíritu de venganza siempre enciende un infierno. El espíritu de Cristo es el espíritu de amor. No destruye nada; al contrario, quiere edificar. Es traición al Salvador sólo llevar Su Nombre y no tener Su espíritu.

¿Intento sinceramente conseguir este Espíritu?

ORACIÓN. *Salvador mío, haz que ame a los demás como Tú los has amado—hasta la muerte.*

MY. 4 ***El mandamiento que les doy es éste: ámense los unos a los otros.*** —Jn 15:17

REFLEXIÓN. ¿No es el amor algo natural? Entonces ¿por qué mandarlo? Por nuestro gran egoísmo. En verdad, el egoísmo es la muerte del amor.

Ahora bien, un alma altruista puede amar a los que no son dignos de ser amados. Las recompensas de un amor altruista nunca faltarán.

ORACIÓN. *Espíritu de amor, concédeme sembrar amor, para que un día lo coseche.*

¡Qué difícil será para los ricos entrar en el Reino de Dios! —Mc 10:23

MY. 5

REFLEXIÓN. Las riquezas hacen que las personas se vuelvan débiles, saciadas, y perezosas.

¡Cómo pueden tales personas ser dedicadas totalmente a Dios si nunca aprendieron de la dura escuela de la vida cómo hacer sacrificios y negarse a sí mismos!

ORACIÓN. *Señor, el camino que conduce a Tu Reino es estrecho y empinado. Ayúdame a recorrerlo hasta el final.*

Él ha mirado la bajeza de Su sierva. —Lc 1:48

MY. 6

REFLEXIÓN. ¡Este pasaje muestra la conmovedora humildad de la joven Madre de Dios! Finalmente, ¿no son las cosas buenas que tenemos un don gratuito del amor eterno, una mirada de gracia de los ojos del Padre?

Por lo tanto, ¡qué arroyo de gratitud humilde debería correr constantemente de nuestros corazones!

ORACIÓN. *Oh María, humilde sierva del Señor, da gracias a tu Hijo por todas las gracias de mi vida. Ayúdame a expresar mi gratitud con una vida que Le agrada a Dios.*

MY. 7 ***Si alguien te obliga a caminar una milla, anda con él dos.*** —Mt 5:41

REFLEXIÓN. Nada favorece tanto la edificación del Reino de Dios como el amor altruista. Por tanto, está siempre dispuesto a prestar un servicio de amor, aun cuando implique sacrificio. Trata de anteponer el bienestar de los demás al tuyo.

Si deseas ser un verdadero cristiano, el amor tiene que distinguirte de los que no lo son.

ORACIÓN. *Salvador mío, concédeme verte en mi prójimo y servirte en él.*

MY. 8 ***¿Cómo pueden creer cuando reciben la alabanza los unos de los otros pero no buscan la alabanza que viene de Dios?*** —Jn 5:44

REFLEXIÓN. La ambición es uno de los mayores obstáculos a la fe. ¿Cómo pueden las personas con la fidelidad absoluta y el espíritu valiente de un confesor estar de parte de Dios si todavía los interesan las opiniones de los demás y buscan la alabanza humana?

¿De quién busco yo la alabanza, de Dios o de los seres humanos?

ORACIÓN. *Señor mío y Dios mío, hazme aborrecer el espíritu del mundo. Concédeme aspirar a vivir sólo de acuerdo con lo que Te agrada.*

No hay amor mayor que éste: entregar su vida por sus amigos. —Jn 15:13

MY. 9

REFLEXIÓN. El sacrificio es la piedra de toque, la prueba suprema del amor. El amor es auténtico sólo cuando puede afrontar el sacrificio.

¿Cuál sería el resultado de esta prueba en mí? ¿Está mi amor dispuesto a hacer cualquier sacrificio?

ORACIÓN. *Amado Salvador, otórgame un amor dispuesto a hacer cualquier cosa, incluso el mayor sacrificio, para que yo pueda llegar a ser verdaderamente Tu discípulo.*

Ella, de su pobreza, contribuyó cuanto poseía—todo lo que tenía para vivir. —Mc 12:44

MY. 10

REFLEXIÓN. Dios mide, pesa, y juzga de manera diferente de como los seres humanos actúan. Él no considera lo más importante lo que se da, sino el significado a los donadores de lo que dan.

Ésta es la mejor medida del amor, lo único que tiene valor a los ojos de Dios.

ORACIÓN. *Dios de amor, me has dado todo, incluso a Ti Mismo. Quiero darte todo lo que tengo.*

MY. 11 ***Tengan bien ceñida la cintura y encendidas las lámparas.*** —Lc 12:35

REFLEXIÓN. Hay solamente una solución de los altibajos de nuestra vida interior: estar siempre listos.

¿Estoy listo para ser llevado en cualquier momento delante del Señor para ser juzgado? ¿Incluso ahora mismo?

ORACIÓN. *Padre celestial, concédeme vivir de tal manera que esté listo en cualquier momento para comparecer con confianza ante Tu tribunal.*

MY. 12 ***El Poderoso me ha hecho grandes cosas.*** —Lc 1:49

REFLEXIÓN. El reconocimiento de la grandeza no se opone al espíritu de humildad, porque la humildad genuina es la verdad. Los humildes no dicen de lo grande que es pequeño, ni dicen de lo blanco que es negro. Dan gloria a Dios por toda buena dádiva.

¿Busco siempre ser sinceramente humilde de esta manera?

ORACIÓN. *Señor, protégeme de la indiferencia y de la presunción. Haz que yo nunca carezca de Tu benevolencia.*

El que siembra abundantemente, abundantemente también cosechará. —2 Cor 9:6

MY. 13

REFLEXIÓN. Al dar, no pienses nunca en tu ventaja personal.

Dios reembolsa de una manera verdaderamente real lo que da un amor altruista.

ORACIÓN. *Señor, quiero amarte y amar a mi prójimo por amor a Ti, porque Tú eres el bien supremo y amorosísimo.*

Pídanle al Señor de la cosecha que envíe obreros a Su mies. —Mt 9:38

MY. 14

REFLEXIÓN. El envío de obreros depende de Dios. Pero nuestra tarea es rezar para que los obreros se envíen. Por eso, cada uno de nosotros está obligado al menos a rezar por las misiones, aunque no podamos ser enviados personalmente allí.

¿Tengo todavía el sentido de la causa de Dios, de Su cosecha? O ¿me preocupo sólo por mis propios intereses?

ORACIÓN. *Padre celestial, haz que Tu voluntad sea siempre la mía también.*

MY. 15 ***No amen al mundo ni las cosas que están en el mundo.*** —1 Jn 2:15

REFLEXIÓN. Esto parece ser una renuncia a la vida, pero en realidad es una afirmación de la vida verdadera. Dios quiere alejarme de la nada y del carácter fugaz del mundo, para que mi corazón no se extravíe.

¿Por qué estoy tan apegado a la mezquindad de la tierra, descuidando lo único necesario?

ORACIÓN. *Padre, haz que Tú seas el único objeto de mi amor, de mi fidelidad.*

MY. 16 ***Ya sea que coman o beban, o que hagan otra cosa, háganlo todo para la gloria de Dios.***

—1 Cor 10:31

REFLEXIÓN. Hasta las cosas seculares pueden y deben emplearse en el servicio santo de Dios. Pon toda tu vida, incluso sus alegrías, en la copa de una determinación correcta, y entonces todo contribuirá a la gloria de Dios y te traerá una bendición.

¿Empiezo cada día con este espíritu?

ORACIÓN. *Señor, bendice todo lo que pienso, digo, hago, y sufro, para que ello logre un valor eterno.*

Hagan de corazón la voluntad de Dios, sirviendo de buena gana, como quien sirve al Señor y no a los hombres —Ef 6:6-7

MY. 17

REFLEXIÓN. Los que sirven solamente a los seres humanos hacen de ellos los jueces de su comportamiento y, por lo tanto, les interesa sólo el éxito humano.

Pero los que sirven a Dios sólo pueden hacerlo con todas sus energías, fidelidad, amor, y dedicación, aun en les cosas más pequeñas o menos significativas.

ORACIÓN. *Señor, líbrame del respeto humano y de la ostentación. Concédeme consagrar toda mi vida sólo a Tu servicio.*

Desplegó el poder de Su brazo. —Lc 1:51

MY. 18

REFLEXIÓN. La historia del mundo no es obra de los seres humanos ni escenario del destino ciego. Es obra de Dios. Todo lo que acontece está sometido a las leyes de la Sabiduría eterna y del Poder ilimitado.

Esta alegre noticia de la Divina Providencia debería infundirme una confianza desmedida y apartar de mí todo pesimismo.

ORACIÓN. *Dios omnipotente y perfecto, en Ti confío. Hágase Tu voluntad en mí.*

MY. 19 ***El que quiera entre ustedes llegar a ser grande, deberá servir a los demás.*** —Mt 20:26

REFLEXIÓN. En el reino del mundo, el éxito y la ambición son lo que cuentan; cada uno es prójimo sólo de sí mismo.

Pero en el Reino de Dios se realiza lo contrario: la única nobleza reconocida es la de servir con humildad.

ORACIÓN. *Dios de bondad, concédeme no olvidar que al unirme más estrechamente a Ti podré verte y amarte mejor en mi prójimo.*

MY. 20 ***Si el Hijo los hace libres, serán verdaderamente libres.*** —Jn 8:36

REFLEXIÓN. Muchas cadenas pueden atar a una persona: los placeres mundanos, el respeto humano, el miedo al sufrimiento, o el temor a la muerte.

Cristo ha quitado todas estas cadenas y le ha dado a la vida un significado nuevo y un propósito totalmente distinto. Quien acepta la libertad de Cristo es verdaderamente libre y feliz.

ORACIÓN. *Señor, átame a Ti, y nunca dejes que nada me aparte de Ti.*

Hagan todo lo que les enseñen. Pero no los imitéis en sus obras. —Mt 23:3

MY. 21

REFLEXIÓN. Cualquiera que esconda acciones impías bajo palabras piadosas es un fariseo y será rechazado por Dios. No es suficiente enseñar la verdad y luchar por ella; también es necesario vivir conforme a ella. La doctrina y la vida deben acompañarse.

¿Es así en mi vida?

ORACIÓN. *Mi Salvador, concédeme dar un ejemplo cristiano a los demás en todas las cosas.*

¿Por qué molestáis a esta mujer? Ha hecho una obra buena conmigo. —Mt 26:10

MY. 22

REFLEXIÓN. Amar al prójimo nunca es un desperdicio. La devoción verdadera es la revelación del inmenso y desbordante amor de Dios. No conoce ni la avidez ni la codicia.

¿Tengo en mí esta devoción que actúa por el amor?

ORACIÓN. *Padre celestial, nos has dado a Tu Hijo como un regalo precioso. A cambio, recibe de mí todo lo que tengo.*

MY. 23 ***Dijo al discípulo: "¡He ahí tu madre!"*** —Jn 19:27

REFLEXIÓN. Este pasaje de la Biblia muestra cómo se crea la comunicación entre dos almas. Están unidos por su amor común por Cristo.

La comunión al pie de la Cruz es la comunión verdadera y garantizada para siempre. ¡Purifica y fortalece, transfigura y santifica, porque es bendecida por el Señor Crucificado!

ORACIÓN. *Salvador mío, concédeme valorar cada vínculo con otras personas como un regalo que Tú me has otorgado.*

MY. 24 ***Todos ustedes son hijos de la luz e hijos del día.*** —1 Te 5:5

REFLEXIÓN. ¡Qué gracia tan maravillosa es esta: yo también puedo ser un hijo del día, el nuevo día que amaneció para el mundo en Cristo!

¿Me esfuerzo por llevar esta luz a los que aún languidecen en la tristeza y la opresión de la noche, para que encuentren su camino hacia la morada del Padre que queda en luz inaccesible?

ORACIÓN. *Señor, Te ruego por todas las criaturas. Guíalas a Tu morada eterna.*

Los que permanecen en Mí y Yo en ellos, ésos darán mucho fruto.

—Jn 15:5

MY. 25

REFLEXIÓN. El secreto de producir buenos frutos espirituales se encuentra en la unión con Dios. Si esta unión se destruye por el pecado y nos separamos de Dios, entonces, a pesar de todas las obras y esfuerzos naturales, seremos estériles.

Con respecto a esto, ¿cómo me encuentro hoy?

ORACIÓN. *Padre celestial, aparta de mí todo lo que atrofia mi crecimiento espiritual.*

En esperanza fuimos salvados.

—Ro 8:24

MY. 26

REFLEXIÓN. Las consecuencias del pecado aún no se han anulado; los poderes de las tinieblas siguen actuando. No hemos todavía llegado a nuestra meta, pero perseveramos en el camino.

En la noche de nuestra debilidad resplandece la luz brillante de la esperanza de que Dios mismo perfeccionará en Sus fieles la obra que ha comenzado en ellos.

ORACIÓN. *Señor Jesucristo, haz que Tu gracia me provea todo lo que me falta.*

MY. 27 ***Vengan a Mí todos ustedes que están fatigados y cargados, ... y Yo les daré descanso.*** —Mt 11:28

REFLEXIÓN. En medio de las cargas de la vida hay un solo consuelo: la profundidad inmensa del amor de Dios que nos renueva aun cuando el conforte humano nos decepciona.

Lo único que pide el Señor es que vayamos a Él. Entonces, ¿por qué voy a las criaturas y no a Él?

ORACIÓN. *Salvador amorosísimo, concédeme encontrar en Ti todo lo que necesito para el alma y el cuerpo.*

MY. 28 ***Un hombre vino a buscar fruto [de su higuera], pero no lo halló.*** —Lc 13:6

REFLEXIÓN. Dios no quiere uvas de la higuera, así como no nos pide a ninguno de nosotros que logremos algo que esté más allá de nuestras posibilidades, fuerzas, o capacidades.

Sin embargo, Dios exige fruto. Si somos elegidos y estériles, seremos echados.

ORACIÓN. *Dios mío y Padre mío, no permitas que Tu gracia se desperdicie en mí.*

Muchos últimos serán primeros.
—Mt 19:30

MY.
29

REFLEXIÓN. Un buen comienzo no basta. Debemos seguir adelante en nuestras luchas diarias para garantizar que nuestro fin también sea bueno.

Con la gracia de Dios, los últimos pueden llegar a ser los primeros, volviéndose a Él completamente arrepentidos. ¡Ay de los que fueron los primeros, pero por su propia desgana se han convertido en los últimos!

ORACIÓN. *Señor, otórgame paciencia y perseverancia. Que mi entusiasmo inicial no se agote, sino que me lleve dichosamente a mi fin.*

Por [la Cruz]...yo [he sido crucificado] al mundo.
—Ga 6:14

MY.
30

REFLEXIÓN. Esta actitud sola conduce a la liberación del "yo" e impide el apego desordenado a las cosas del mundo: la humildad siempre renovada hacia el Señor crucificado.

A la luz de la Cruz, todo lo demás se desvanece. ¿Por qué evito esta luz?

ORACIÓN. *Amabilísimo Jesús, moriste por mí en la Cruz. Concédeme morir a todo lo que no me lleva a Ti.*

MY. 31 ***Ellos no entendieron la palabra que Él les había dicho.*** —Lc 2:50

REFLEXIÓN. Ni siquiera la mayor fe en Dios puede iluminar todas las tinieblas que rodean Sus designios o manera de actuar.

Por tanto, es bueno imitar a María, unir las manos, e inclinarnos ante la palabra inescrutable de Dios. Él nunca engaña a una fe confiada.

ORACIÓN. *Padre celestial, que Tus caminos sean siempre los míos también. Quiero seguirte siempre, aunque esto signifique caminar en la oscuridad y necesidad.*

JUN. 1 ***He aquí, los envío como ovejas en medio de lobos.*** —Mt 10:16

REFLEXIÓN. La naturaleza del lobo quedará siempre en el mundo. Quien aúlla con el mundo es el amigo del mundo y el enemigo de Dios.

¡Ay de ti si en el mundo tienes sólo amigos!

ORACIÓN. *Oh Buen Pastor, me has puesto en este mundo. Haz que yo no siga sus caminos, sino sólo a Ti.*

Examínense. ¿No se dan cuenta de que Cristo Jesús está en ustedes? —2 Cor 13:5

JUN. 2

REFLEXIÓN. Hay una señal segura por la cual puedo reconocer si mi fe es genuina—¡si Cristo está en mí y gobierna toda mi vida!

¿Es la causa de mis frecuentes recaídas la falta de una fe viva?

ORACIÓN. *Señor, está siempre conmigo. Dirige y guía toda mi vida de acuerdo con Tu santa voluntad.*

Señor, si hubieras estado aquí, mi hermano no habría muerto. —Jn 11:21

JUN. 3

REFLEXIÓN. La fe no es garantía de salvoconductos en todas las adversidades de la vida. La fe no impone ningún deber a Dios—sólo a los seres humanos.

¿No es a veces lo contrario mi actitud hacia Dios?

ORACIÓN. *Señor, fortalece mi fe.*

JUN. 4

El que es fiel en lo muy poco, es fiel también en lo mucho.

—Lc 16:10

REFLEXIÓN. Los hechos extraordinarios que reciben el aplauso de los hombres y dan satisfacción a nuestra vanidad son fáciles de lograr. ¡Mucho más difícil es la fidelidad silenciosa en hacer los pequeños deberes diarios que nadie ve o valora!

En realidad, la fuerza para lograr grandes cosas surge precisamente de la perseverancia fiel en las cosas pequeñas.

ORACIÓN. *Padre celestial, me has dado todo Tu amor. Ayúdame a servirte con fe y entrega total.*

JUN. 5

No sólo de pan vivimos, sino de toda palabra que sale de la boca de Dios.

—Mt 4:4

REFLEXIÓN. Los seres humanos tienen la vida Divina en ellos. ¡Ay de ellos si esa vida languidece o se extingue! Así como el cuerpo necesita alimento diario, el alma necesita toda palabra que Dios revela a través de los deberes y acontecimientos de cada día.

¿Presto yo siempre atención a esto?

ORACIÓN. *Padre mío, concédeme comprender siempre lo que dices y lograr lo que deseas.*

He aquí, nosotros hemos dejado todo y Te hemos seguido.
—Mc 10:28

JUN. 6

REFLEXIÓN. No se Le da nada a Dios como regalo gratuito. Él nos da infinitamente más de lo que recibe de nosotros.

Entonces, ¿por qué vacilo en sacrificarme por Él?

ORACIÓN. *Señor, eres infinitamente bueno. Concédeme ser conmovido por Tu amor infinito para que esté listo para hacer cualquier sacrificio por amor a Ti.*

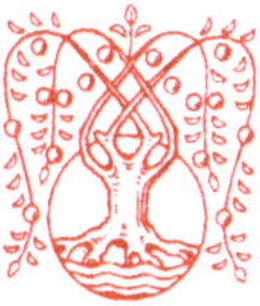

Señor, déjela todavía este año.
—Lc 13:8

JUN. 7

REFLEXIÓN. Dios busca frutos de mi vida; me da tiempo para esto. Pero pasa el tiempo de la gracia, y luego vendrá el juicio.

¿Cuál sería hoy el juicio de Dios en mi respecto?

ORACIÓN. *Dios justo, ten paciencia conmigo. No me dejes morir antes de que mi vida haya dado fruto para Ti.*

JUN. 8 *¿Es lícito en sábado hacer bien o hacer mal? ¿Salvar la vida— o quitarla?* —Mc 3:4

REFLEXIÓN. Dios ha creado la vida y desea que se conserve.

Quien dañe la vida o la salud de otra persona, ya sea por reglas o leyes humanas o sea por prácticas sagradas o hábitos piadosos, peca contra la voluntad creadora de Dios.

ORACIÓN. *Dios de grandeza, no dejes que jamás me oponga a Tu voluntad por meras leyes humanas. Tú estás por encima de todo, incluso por encima de las leyes humanas.*

JUN. 9 *He venido a traer la espada, no la paz.* —Mt 10:34

REFLEXIÓN. Una vida perezosa y cómoda no es apta a las luchas contra el mal en este mundo. Esto exige una gran solicitud y una dedicación total.

Cuando Cristo llama, no podemos hacer otro que obedecerle. ¿Estoy listo para esto?

ORACIÓN. *Señor, me llamaste. Concédeme ser siempre para Ti un apóstol fiel y valiente.*

¿Por qué Me llaman ustedes "Señor, Señor," y no hacen lo que les digo? —Lc 6:46

JUN. 10

REFLEXIÓN. Para Jesús, no tiene ningún valor confesarlo con nuestros labios. Debemos también vivir de acuerdo con Su palabra. No desea ningún homenaje externo, sino el cumplimiento de la voluntad de Su Padre.

¿Es esta mi aspiración diaria?

ORACIÓN. *Salvador mío, otórgame la convicción profunda de que hay un camino sólo para ir al Padre: ¡el cumplimiento de Su santa voluntad!*

A cualquiera que Me reconozca delante de los hombres, Yo también lo reconoceré delante de Mi Padre que está en los cielos.

—Mt 10:32

JUN. 11

REFLEXIÓN. No hay amor sin dolores, ni imitación de Jesús sin ignominia.

Cuídense de no desear la amistad del mundo a cualquier precio. Esto resulta solamente en la negación de Cristo. Quienes se avergüenzan de confesarlo son traidores y destruyen su fe.

ORACIÓN. *Señor, aunque todos sean infieles, yo siempre Te seré fiel, para que la gratitud no perezca en la tierra.*

JUN. 12 *Alégrense de esto: que sus nombres están escritos en los cielos.* —Lc 10:20

REFLEXIÓN. Lo importante no es ser grande en este mundo y hacer cosas grandes, sino agradar a Dios. No te dejes embriagar por la gloria de los placeres y posesiones terrenales.

Trata de ser humilde y sencillo como un niño. El Reino de los cielos ha sido prometido a las almas sencillas que son como niños.

ORACIÓN. *Mi buen Padre, dame el amor y la sencillez de un niño para que pueda ser digno de Tu amor.*

JUN. 13 *Los que pierden su vida por Mí la hallarán.* —Mt 10:39

REFLEXIÓN. El amor a la vida no es en sí mismo un mal, pero si se exagera se convierte en un egoísmo vulgar y venenoso. La vida eterna en Dios la encuentran sólo los que han muerto a la vida vil del egoísmo.

¿He decidido firmemente hacer esto, cueste lo que cueste?

ORACIÓN. *Señor, dame la fuerza para sacrificarlo todo por Ti, a fin de que al hacerlo llegue ser digno de Ti.*

Señor, ¿quieres que mandemos que descienda fuego del cielo y los consuma? —Lc 9:54

JUN. 14

REFLEXIÓN. La ira es profana e impía. Es un fuego extraño en el altar del corazón.

Los verdaderos discípulos de Cristo no deben nunca dejarse consumir por el fuego de la ira, sino deben guiarse siempre por su nobleza Divina. Entonces habrán soportado la prueba de fuego.

ORACIÓN. *Salvador amorosísimo, enséñame a ser manso y humilde para no pecar nunca contra la caridad.*

El Hijo del Hombre no vino para ser servido, sino para servir. —Mc 10:45

JUN. 15

REFLEXIÓN. Una de las tentaciones más peligrosas es la ambición. Sólo puede conquistarse por el espíritu de Cristo, es decir, el espíritu de amor—la dedicación al servicio de los demás.

¿Tengo yo esta dedicación? ¿Soy, como Cristo, una vela que se consume para iluminar a los demás?

ORACIÓN. *Jesús, hermano mío, dame un amor desinteresado que está dispuesto a sacrificar cualquier cosa.*

JUN. 16

Las aves del cielo … no siembran ni cosechan; sin embargo, el Padre celestial las alimenta.

—Mt 6:26

REFLEXIÓN. Los pájaros son algunas de las criaturas de Dios que no razonan; sin embargo, Él los alimenta.

Nosotros somos hijos de Dios. ¿No podemos esperar justamente de nuestro Padre todo lo que necesitamos? Deja a un lado el miedo, la timidez, y la preocupación angustiada.

ORACIÓN. *Padre mío, creo que me darás todo lo necesurio, ya sea para mi alma o para mi cuerpo.*

JUN. 17

Me es necesario hacer las obras del que Me envió, mientras dura el día; la noche viene, cuando nadie puede trabajar. —Jn 9:4

REFLEXIÓN. El tiempo de la siembra es limitado. Quien no lo aproveche, en vano segará.

¿Cómo trabajo? ¿Trabajo constantemente, pero sin ansia?

ORACIÓN. *Señor, que Tus bendiciones desciendan sobre mí siempre y sobre mi trabajo. Ayúdame a ser Tu siervo bueno y fiel para siempre.*

Hay diversidad de dones, pero el Espíritu es el mismo. —1 Cor 12:4

JUN. 18

REFLEXIÓN. Nadie lo tiene todo y nadie puede hacer todo, ni en la vida natural ni en la vida sobrenatural. Por tanto, no tengas envidia si tu hermano o hermana cristianos han recibido más que tú.

Agradece los varios dones dados por el Espíritu Santo y asegúrese de que tus talentos den fruto de la mejor manera posible. Toda fidelidad encontrará su recompensa Divina.

ORACIÓN. *Creador del cielo y de la tierra, concédeme llegar a ser lo que Tú deseas.*

Sólo el que hace la voluntad de Mi Padre [entrará en el Reino de los cielos]. —Mt 7:21

JUN. 19

REFLEXIÓN. No hay ningún valor en nuestras acciones religiosas externas a menos que tengamos también una voluntad interna para satisfacer las exigencias de Dios.

Creer que podemos evitar los deberes graves de la obediencia es un intento vano de escapar del juicio de Dios.

ORACIÓN. *Mi Señor y mi Salvador, fuiste obediente hasta la muerte. Concédeme ser igualmente obediente a la voluntad de Tu Padre.*

JUN. 20

Amarás a tu prójimo como a ti mismo. —Lc 10:27

REFLEXIÓN. Los que se han dedicados completamente a Dios saben que verdaderamente aman al Padre celestial sólo cuando Lo sirven en sus hermanos y hermanas aquí en la tierra.

Por tanto, no intentarán sólo evitar todo lo que pueda lastimar la caridad, sino buscarán y crearán también oportunidades para mostrar su amor a los demás.

ORACIÓN. *Oh Amor eterno, concédeme amarte en todas las criaturas como Tú deseas y mereces.*

JUN. 21

Para mí, el vivir es Cristo. —Flp 1:21

REFLEXIÓN. Una vida sin Cristo es una vida sin valor. Es Él solo quien nos libera de la culpa y el pecado. Nos da la vida Divina de la gracia y nos introduce en la comunión con el Padre, en la unidad del Espíritu Santo.

Pero esta nueva vida en Cristo es posible sólo cuando el viejo yo pecador, que lleva a la perdición, muere completamente.

ORACIÓN. *Jesús, para Ti vivo y para Ti muero. Jesús, Tuyo soy en la vida y en la muerte.*

No sean arrogantes, sino háganse solidarios con los humildes. —Ro 12:16

JUN. 22

REFLEXIÓN. No esperes el momento en que puedas lograr grandes cosas. Al hacerlo, sólo estarás perdiendo el tiempo y viviendo al margen de la vida.

La realidad está compuesta de mil cosas pequeñas. Hazlas en serio porque ésta es la única manera para asegurarnos de que nuestras vidas llegarán a ser realmente grandiosas.

ORACIÓN. *Señor, dame Tu gran amor. Entonces será también grande el honor que Te daré diariamente.*

¡No quisiste! —Lc 13:34

JUN. 23

REFLEXIÓN. Dios ha establecido una sola condición para recibir Su gracia: el libre albedrío de los seres humanos. Dios no obliga a nadie a ir al cielo. Pero son bien atendidos los que desean alcanzarlo y que llevan a cabo la voluntad de Dios.

Por tanto, no debo permitir que nada me impida aspirar a esto con todas mis fuerzas.

ORACIÓN. *Padre celestial, ilumina mi mente y fortalece mi voluntad. Concédeme reconocerte como mi bien supremo y no pedirte otra cosa sino a Ti.*

JUN. 24

No Te pido que los quites del mundo, sino que los protejas del maligno. —Jn 17:15

REFLEXIÓN. Cristo no aparta las luchas y cruces de los Suyos. Pero ruega por ellos para que no perezcan.

Esta conclusión debería llenarme de gran valor. No estoy solo; Cristo está conmigo, mi Divino Hermano.

ORACIÓN. *Salvador mío, sostenido por Tu mano puedo ascender fácilmente a las alturas de una vida santa. Quédate a mi lado para que nunca fracase en esto.*

JUN. 25

¿Cómo es que se secó la higuera tan pronto? —Mt 21:20

REFLEXIÓN. Infructuosa y estéril es toda devoción que es simplemente una práctica externa y carece de un significado interno. Está compuesta por hojas muertas sin fruto.

Donde el aliento del espíritu no está presente, donde falta el amor, cualquier cosa, por pequeña que sea, puede detener su trabajo. ¿Me esfuerzo por conseguir la verdadera compasión?

ORACIÓN. *Padre mío, ayúdame para que todo mi ser y todas mis acciones sean un cántico de amor que Te da gloria y honor.*

El Hijo del Hombre no tiene dónde recostar su cabeza.

—Lc 9:58

JUN. 26

Reflexión. Pobre, sin hogar, cansado y fatigado, sin seguridad humana. . . tal era la vida del Maestro. Y así será la vida de quienes quieran seguirlo con fidelidad.

¿Me asusta este tipo de vida? ¿Por qué?

Oración. *Mi Salvador y Redentor, Tú eres el único Camino al Padre. Ayúdame para que pueda proseguir en este Camino.*

Cristo murió por todos, para que los que viven ya no vivan para sí, sino para Él. —2 Cor 5:15

JUN. 27

Reflexión. Vivir para sí mismo significa decir "no" a Dios. Vivir para Cristo significa vivir como Él vivió.

El lema de Su vida fue: "Por ti." El lema de mi vida debería ser: "Por Cristo." ¿Es verdaderamente así?

Oración. *Salvador mío, deseo ofrecer toda mi vida a Tu servicio y al de mis hermanos y hermanas. Concédeme ser completamente Tuyo.*

JUN. 28 *Un discípulo no está por encima del maestro, ni un siervo por encima del señor.* —Mt 10:24

REFLEXIÓN. El ser discípulo de Jesús significa tener una misión especial en el mundo; significa estar sujeto sólo a los mandamientos del Maestro. Los verdaderos discípulos comparten voluntariamente la Pasión de Cristo, porque sin un destino común con el Señor, no hay vida común con Él.

¿Tengo miedo de este tipo de compromiso amoroso?

ORACIÓN. *Señor, dame la fuerza para soportar los sufrimientos que, de acuerdo con Tu voluntad, debo soportar. Concédeme llevar mi cruz sin quejarme.*

JUN. 29 *Mi yugo es fácil y Mi carga es ligera.* —Mt 11:30

REFLEXIÓN. El vivir con Cristo no significa vivir sin yugo y carga. Pero el yugo se vuelve suave y la carga ligera en el conocimiento glorioso de que, si el amor impone una carga, el amor también nos ayuda a llevarla.

Por eso, los redimidos están siempre alegres, aun bajo el peso de la Cruz. ¿Estoy yo entre estos?

ORACIÓN. *Salvador mío, eres toda mi felicidad y mi vida. Te doy gracias de corazón, aunque Tu amor por mí se manifieste en la Cruz.*

¿Es lícito sanar en sábado, o no? —Lc 14:3

JUN. 30

REFLEXIÓN. ¡Cuántas veces el amor se ve obstaculizado por una mera regla que, en verdad, debería ayudarlo! Ésta no es la voluntad de Dios.

El amor debería estar por encima de cualquier otro mandamiento, porque es el más grande. ¿Es ésta la norma en mi vida y en mis relaciones con los demás?

ORACIÓN. *Amorosísimo Salvador, dame el deseo de servir a los demás con amor y de ofrecerme por ellos, como Tú Te ofreciste por mí.*

El que es injusto en lo muy poco, también es injusto en lo mucho. —Lc 16:10

JUL. 1

REFLEXIÓN. El fraude constante en las cosas pequeñas embota el alma y desafila la conciencia. Obstruye cada vez más nuestras relaciones con Dios.

Un administrador infiel piensa sólo en sí mismo; un administrador honesto piensa en su patrón. ¿En quién pienso yo?

ORACIÓN. *Dios misericordioso, perdona todas mis infidelidades. Ayúdame a expiarlas, aumentando mi fidelidad.*

JUL. 2 ***No pueden servir a Dios y al dinero.*** —Mt 6:24

REFLEXIÓN. Servir a Dios significa vivir completamente para Dios. Vivir para el dinero significa abandonarse a las cosas de este mundo y a los propios intereses personales. Un servicio excluye al otro.

Quienes piensan que pueden servir tanto a Dios como a los bienes de este mundo sufrirán las consecuencias tristes de tal engaño.

ORACIÓN. *Dios eterno, protégeme de una falsa piedad mundana. Al mismo tiempo, guárdame de un cristianismo débil y sin vida. ¡Quiero ser todo Tuyo!*

JUL. 3 ***Profesando la verdad en amor, crezcamos en todo hacia Aquel Que es la Cabeza, Cristo.*** —Ef 4:15

REFLEXIÓN. La verdad sin amor ofende; el amor sin verdad engaña. Por tanto, quien quiera crecer en el espíritu interior y liberarse del engaño y el egoísmo debe esforzarse por conseguir tanto la verdad como el amor.

Éste es el punto central de la vida y la garantía de un crecimiento interior constante.

ORACIÓN. *Señor, haz que mi amor sea más puro y fuerte, y santifícalo con Tu verdad.*

Con Dios no hay favoritismos.
—Ro 2:11

JUL. 4

REFLEXIÓN. Las personas superficiales se engañan fácilmente por el rango social y la riqueza, es decir, por las apariencias exteriores. Pero Dios mira el corazón, no las apariencias.

Nadie puede engañarlo aplicando un barniz exterior a la impureza que se encuentra adentro. ¡Qué vergüenza nos proviene de la arrogancia y la altivez!

ORACIÓN. *Padre eterno, hazme grande en humildad y amor. Sólo entonces seré verdaderamente grande delante de Ti.*

Entre ustedes hay sólo un Maestro; todos ustedes son estudiantes [hermanos y hermanas].
—Mt 23:8

JUL. 5

REFLEXIÓN. A pesar de todas las distinciones humanas, en el fondo, todos estamos en un nivel común. Todos somos hermanos y hermanas bajo un solo Maestro

Al entender esto, ¡cuán simples se vuelven todas nuestras relaciones! ¡Todas las animosidades se ponen en fuga!

ORACIÓN. *Señor mío y Salvador mío, dame un amor fraterno por todos los que Tú amas. Ellos son Tus hermanos y hermanas, y asimismo los míos.*

JUL. 6 ***Aunque mi vida fuera derramada sobre el sacrificio y servicio de su fe, me alegro.*** —Flp 2:17

REFLEXIÓN. Lo que hago y sufro no beneficia sólo a mí, sino también a los demás. En la economía de la gracia podemos ayudarnos mutuamente.

Esta santa comunión y ayuda mutua no pueden no infundir en el alma la paz verdadera y la alegría.

ORACIÓN. *Señor, hazme perseverante en mis oraciones y sacrificios. Que mi vida sea fecunda no sólo para mí, sino también para mis hermanos y hermanas.*

JUL. 7 ***Oren a Dios por mí.*** —Ro 15:30

REFLEXIÓN. La obra en el Reino de Dios es una lucha contra los poderes de las tinieblas. Rezar por los obreros, uniéndose así a ellos, es colaborar en la lucha por la victoria.

¡Yo también quiero contribuir a este esfuerzo todos los días de mi vida!

ORACIÓN. *Dios todopoderoso, que yo comparta Tu fuerza. Concédeme que, a pesar de mis pruebas personales, nunca olvide ni descuide las grandes preocupaciones de Tu Iglesia.*

No estoy solo; el Padre está conmigo. —Jn 16:32

JUL. 8

REFLEXIÓN. Aun cuando parecía que Su Padre Lo hubiera abandonado, Cristo no estaba solo. El Padre siempre estaba con Él porque Él estaba en el Padre.

Por eso, si no me alejo voluntariamente de Dios por el pecado, nunca seré abandonado ni solo, ni en la vida ni en la muerte. ¿Podría ser yo tan tonto como para hacer tal cosa?

ORACIÓN. *Querido Padre, Tu gracia es mi única esperanza. Hazme siempre consciente de que estás cerca de mí.*

Donde está tu tesoro, allí está también tu corazón. —Mt 6:21

JUL. 9

REFLEXIÓN. La riqueza puede traernos felicidad, pero también es un peligro, ya que fácilmente conduce a la avaricia, haciéndonos olvidar el verdadero bien eterno. Sólo una cosa aniquila este peligro: la dedicación total a Cristo.

Cuando el Señor llena el corazón, es más fácil rechazar el peligro de las cosas temporales. ¿Cuál es el objeto de mis pensamientos? ¿Hacia qué me atraen?

ORACIÓN. *Salvador mío, hazme todo Tuyo, y concédeme estar feliz en Tu amor.*

JUL. 10

No teman lo que ellos temen, ni se dejen asustar. —1 Pe 3:14

REFLEXIÓN. ¡Se han quitado todos los miedos humanos! Si Dios está conmigo, ¿quién podrá oponerse a mí?

Él es más poderoso que el mundo y los poderes del mal. Mis enemigos también deben someterse a Él.

ORACIÓN. *Dios todopoderoso, Señor del cielo y de la tierra, vísteme con la plenitud de Tus fuerzas. Que sin temor ni vacilación ande en todos los caminos por los que me conduces.*

JUL. 11

Yo he rogado por ti, para que tu fe no desfallezca. —Lc 22:32

REFLEXIÓN. El último y más fuerte lazo que nos une a Dios es la fe. Todo depende de ello. Los que creen pueden caer, pero nunca se pierden. Aun cuando los pecadores se apartan de los brazos misericordiosos de Dios, todavía pueden esperar el perdón, siempre y cuando no hayan cortado este último lazo con Él.

ORACIÓN. *Dios misericordioso y Padre, no me dejes nunca alejarme de Ti. Entonces tampoco me abandonarás.*

A Ti he encomendado mi causa. —Jr 11:20

JUL. 12

REFLEXIÓN. Poner todo lo que tenemos y nosotros mismos en las manos de Dios significa libertad entre cadenas. Significa victoria ante una derrota segura. Significa la vida incluso en la muerte.

¿Quién me impide dedicarme enteramente a Dios?

ORACIÓN. *Dios eterno, Tú lo sabes todo. Haz de mí lo que quieres.*

No soy digno de que entres bajo mi techo. —Mt 8:8

JUL. 13

REFLEXIÓN. Los que dicen desde el fondo de su corazón, "No soy digno, porque no soy nada," andan en el mejor camino de la unión con Dios.

De hecho, ya están con Dios, porque Dios sale al encuentro del corazón humilde.

ORACIÓN. *Jesús, manso y humilde de corazón, haz mi corazón como el Tuyo.*

JUL. 14 ***El que quiera ser el primero debe ser el último de todos y el servidor de todos.*** —Mk 9:35

REFLEXIÓN. La arrogancia y la ambición están profundamente arraigadas en la naturaleza humana. Sólo mediante el servicio humilde, generoso, y amoroso se pueden desarraigar estos defectos básicos.

Cristo también, para "reinar," tuvo que servir primero.

ORACIÓN. *Señor y Maestro mío, abre mi corazón a mis hermanos y hermanas. Enséñame el secreto de servirles con humildad, para que pueda llegar a ser más semejante a Ti.*

JUL. 15 ***¿No te aseguró que si crees verás la gloria de Dios?*** —Jn 11:40

REFLEXIÓN. Por encima de todas las cosas y de toda realidad se encuentra la promesa de Dios como la más poderosa de todo. Los que creen en esa promesa pueden contar con lo imposible, hasta los milagros.

Porque Dios nunca falta a Su Palabra: Él es fidelidad eterna. ¿Qué puede hacerme dudar?

ORACIÓN. *Padre celestial, Tú me ayudas según la medida de mi fe. Concédeme la fe ilimitada en Ti, la fe que Tú mereces.*

Lo que sale de la boca proviene del corazón. —Mt 15:18

JUL. 16

REFLEXIÓN. El agua pura nunca sale de un pozo podrido; y un corazón lleno de deseos carnales nunca crea nada puro.

Primero deben quitarse las causas del mal, y luego los efectos perversos también desaparecerán.

ORACIÓN. *Señor, crea en mí un corazón puro. Concédeme vivir una vida santa en Tu presencia.*

Glorifiquen al Señor su Dios, antes de que oscurezca. —Jr 13:16

JUL. 17

REFLEXIÓN. Nada se pierde si se convierte mientras todavía hay tiempo. Pero si se deja pasar la hora de la conversión, caerá la oscuridad de la noche, cuando nadie puede trabajar. Entonces queda sólo el juicio.

¿Quiero yo llegar a ese punto?

ORACIÓN. *Dios misericordioso, sé para mí al final no un juez sino mi Salvador.*

JUL. 18 ***Han sido enseñados por Dios a amarse unos a otros.*** —1 Te 4:9

REFLEXIÓN. Un solo camino conduce al corazón humano: el camino del amor. ¡Dios mismo ha caminado de esta manera! Así, la Cruz se convierte en escuela del amor.

Quienes aprendan todos los días en esta escuela encontrarán la manera de unirse con sus hermanos y hermanas en el amor.

ORACIÓN. *Amorosísimo Jesús, concede que Tu amor me haga amar y que Tu sacrificio me prepare para entregarme a los demás.*

JUL. 19 ***Para los que aman a Dios, todas las cosas cooperan para bien.*** —Ro 8:28

REFLEXIÓN. Los que aman a Dios se acercan al Padre por todas las circunstancias de la vida cotidiana; la alegría los acerca por lazos de gratitud amorosa, y el dolor lo hace por el camino doloroso de la Cruz.

Los que no aman a Dios llegan a ser arrogantes y se acuerdan de Él en los gozos pasajeros de esta vida y en la tristeza se convierten amargos y desesperados.

ORACIÓN. *Señor, otórgame Tu amor verdadero. Esto es todo lo que necesito.*

Él llamó a sus siervos y les encomendó sus bienes. —Mt 25:14

JUL. 20

REFLEXIÓN. Nadie está exento de rendir cuentas definitivas. Sin embargo, Dios no nos juzga según la cantidad de nuestro trabajo, sino según la medida de fidelidad con la que hemos utilizado los dones que se nos han dado.

No envidies a los demás lo que se les ha dado, sino utiliza lo que se te ha dado a ti.

ORACIÓN. *Padre bueno, no me juzgues por lo que he hecho, sino por lo que me esfuerzo sinceramente por hacer.*

No se preocupen por su vida. —Mt 6:25

JUL. 21

REFLEXIÓN. Podemos convertirnos en esclavos no sólo de las cosas que tenemos, sino también de las que no tenemos. La angustia por las preocupaciones de este mundo hace que las personas sean ciegas e insensibles a lo que es más elevado y espiritual.

Los que sirven a Dios fielmente pueden confiar en Él, incluso para las necesidades de su vida en la tierra.

ORACIÓN. *Padre celestial, Te doy gracias porque puedo estar seguro de Tu ayuda también en cuanto a mi cuerpo.*

JUL. 22 ***A los administradores lo que se les exige es que sean fieles.*** —1 Cor 4:2

REFLEXIÓN. Ser fiel en la fe, fiel en la oración, y fiel en la lucha por la santificación: esta es mi tarea diaria en la vida. Algún día seré juzgado según esta fidelidad, no según el éxito o el fracaso terrenal.

¿He sido siempre fiel? ¿Qué debo hacer ahora para ser más fiel?

ORACIÓN. *Señor mío y Dios mío, hazme siempre Tu siervo bueno y fiel. Concédeme participar en el gozo eterno.*

JUL. 23 ***Amarás al Señor tu Dios con todo tu corazón y con toda tu alma y con toda tu mente.*** —Mt 22:37

REFLEXIÓN. Dios es celoso, y no quiere compartir con otros el amor debido a Él.

Tengo que amarlo sin vacilación, sin reservas, y sin condiciones. Entonces Él me dará también el regalo de Su amor ilimitado.

ORACIÓN. *Dios de amor, concédeme ser Tuyo con todo lo que soy y tengo. Líbrame de todo lo que me aleja de Ti.*

JUL. 24

Tienen que revestirse del nuevo yo, que ha sido creado a imagen de Dios. —Ef 4:24

REFLEXIÓN. El nuevo yo creado a imagen de Dios puede nacer en mí sólo cuando el yo viejo esté muerto. Para ello, es necesaria una vigilancia y una lucha constantes.

El viejo yo siempre regresa y trata de prevalecer. ¿Qué estoy haciendo para erradicar ese yo?

ORACIÓN. *Padre mío, dame el entendimiento de Cristo. Fortaléceme para practicar actos de mortificación que me ayudarán en la lucha constante por vivir una vida en la plenitud de Cristo.*

JUL. 25

Todos los atletas se disciplinan...para obtener una corona que se marchita; nosotros, en cambio, para una incorruptible. —1 Cor 9:25

REFLEXIÓN. Los que desean ambiciosamente premios mundanos están dispuestos a sacrificar cualquier cosa por ellos: su tiempo, energías, descanso, etc.

¿No es nuestro destino eterno igualmente digno de nuestra dedicación de tiempo y energía? ¿Pienso en esto durante el día?

ORACIÓN. *Mi Señor y mi Salvador, perdona todos mis pecados. Ayúdame a buscarte con todo mi ser para que llegue felizmente a la meta de mi vida terrenal.*

JUL. 26

Por tus palabras serás justificado, y por tus palabras serás condenado. —Mt 12:37

REFLEXIÓN. Dios nos juzgará según no sólo todo lo que hemos hecho, sino también todo lo que hemos dicho. Las palabras tienen un gran poder. ¡Una sola palabra puede convertirse para nosotros en una bendición o una maldición! Puede ser la causa de la perdición.

Por lo tanto, es necesario tener cuidado en todo nuestro hablar—¡hasta en cada palabra que decimos!

ORACIÓN. *Señor, crea en mí un corazón limpio, para que mis palabras sean puras y agradables a Ti.*

JUL. 27

En el arrepentimiento y la calma está su salvación. —Is 30:15

REFLEXIÓN. El corazón humano necesita silencio. El silencio nos hace fuertes y receptivos a la inspiración del Espíritu Santo.

Debemos tener cuidado de no interrumpir la obra de la gracia Divina mediante conversaciones inútiles o poco caritativas.

ORACIÓN. *Señor, en Ti pongo toda mi confianza. Ayúdame a pasar un rato cada día en la reflexión para recibir Tus inspiraciones.*

Si el grano de trigo muere, produce mucho fruto. —Jn 12:24

JUL. 28

REFLEXIÓN. Según una ley natural, lo que es inferior debe sacrificarse por lo que es mejor. Solitaria e infructuosa es la vida del viejo yo del pecado.

Los que sacrifican este yo y se entregan a Dios en obediencia se levantan con una nueva vida espiritual. Sus vidas serán eternamente fructíferas.

ORACIÓN. *Salvador mío, ayúdame a morir contigo, para que pueda vivir contigo por toda la eternidad.*

¡Ay de aquel por quien viene el tropiezo! —Mt 18:7

JUL. 29

REFLEXIÓN. Nuestra influencia debería mejorar a nuestros vecinos, no escandalizarlos ni dañar sus almas.

¡Por lo tanto, los cristianos nunca pueden estar demasiado alertos para asegurarse de que su vida y conducta no hagan daño a nadie!

ORACIÓN. *Padre celestial, otorga a mí y a todos los seres humanos la gracia que es necesaria para la salvación.*

JUL. 30 ***Los publicanos y las prostitutas van delante de ustedes en el Reino de Dios.*** —Mt 21:31

REFLEXIÓN. Los pecadores públicos arrepentidos pueden conseguir la conversión y el perdón más fácilmente que los que practican la falsa piedad de los fariseos y están completamente complacidos consigo mismos.

No juzgues ni arrojes la primera piedra contra quien comete pecado. Deja el juicio enteramente a Dios Todopoderoso.

ORACIÓN. *Padre celestial, Tu compasión no tiene límites. Ten misericordia de todos los que Te anhelan.*

JUL. 31 ***Entren por la puerta estrecha.*** —Mt 7:13

REFLEXIÓN. Estrecha es la puerta que conduce de este mundo al cielo. Los altivos lograrán la unión con Dios sólo mediante el dolor, el arrepentimiento, y la victoria sobre sí mismos.

¿No es este fin digno de sacrificio?

ORACIÓN. *Dios, eres mi mayor Bien. Ningún camino será demasiado largo si me lleva a Ti, ningún sacrificio demasiado doloroso. ¡Bendice y fortalece mi buena voluntad!*

El que es bueno produce el bien del buen tesoro de su corazón. —Lc 6:45

AG. 1

REFLEXIÓN. El valor de los seres humanos no depende tanto de sus actos como de sus intenciones. Por tanto, no es suficiente evitar las malas acciones. Es necesario aspirar a conseguir un corazón puro.

¿Irradian mis acciones una rectitud interior?

ORACIÓN. *Señor y Salvador mío, Te consagro mi corazón. Séllalo con el sello de Tu bondad para que de él fluya solamente la bondad.*

Al que a Mí viene, jamás lo echaré fuera. —Jn 6:37

AG. 2

REFLEXIÓN. Estas palabras deberían despertar fe y esperanza. El Señor no pide nada extraordinario, sólo que yo vaya a Él. Esto significa que tengo que elegirlo por encima de todo y que debo con intención sincera y honesta andar en el camino que conduce a Él.

Entonces, en Su gracia, me dará la bienvenida, aunque vengo a Él como un pecador, como el Hijo Pródigo.

ORACIÓN. *Salvador mío, ¡qué bueno eres! No Te alejes de mí, pero concédeme que un día pueda alcanzar la felicidad de mi destino sobrenatural.*

AG. 3

Se hará con ustedes conforme a su fe. —Mt 9:29

REFLEXIÓN. El amor y el poder de Dios son ilimitados. Pero para ser eficaces, exigen de nosotros la fe de un niño.

Dios manifiesta Su gloria dondequiera que encuentre una fe viva—una fe que va más allá del entendimiento de la mente humana.

ORACIÓN. *Señor, confío en Ti porque eres todopoderoso y nunca Te equivocas.*

AG. 4

Encomienda al Señor tu camino; confía en Él, y Él actuará. —Sl 37:5

REFLEXIÓN. Trata de hacer tu camino agradable a Dios. Luego Él hará que todo coopere para tu bien. Es posible que lo que Él hace no sea conforme con tus ideas. Pero siempre será mejor de lo que esperabas o merecías.

¿Le agrada a Dios mi camino?

ORACIÓN. *Señor, guíame en todo. Concédeme que pueda proseguir siempre en el camino de Tu Divina Voluntad.*

Dejen que crezcan juntos hasta la siega. —Mt 13:30

AG. 5

REFLEXIÓN. A menudo la misericordia de Dios nos resulta incomprensible. En nuestro entusiasmo, frecuentemente deseamos adelantarnos al juicio de Dios, pero la paciencia de Dios es por toda la eternidad.

Dios guarda silencio y espera. Su juicio dará a cada uno de nosotros lo que merecemos.

ORACIÓN. *Dios bueno y justo, obedezco a Ti y observo Tus leyes. Ten paciencia conmigo hasta que vuelva a descansar en Tu abrazo.*

El Hijo del Hombre vino a buscar y a salvar lo que se había perdido. —Lc 19:10

AG. 6

REFLEXIÓN. Dios busca a las almas en necesitad y peligro, así como un buen pastor busca la oveja perdida. ¡Cuán lejos estoy yo de este Dios amoroso y celoso si no me importa el regreso a la casa del Padre de todos los que se han descarriado! ¡Los pecadores merecen ayuda, no desprecio!

ORACIÓN. *Padre celestial, otorga a todos los seres humanos y a mí la gracia necesaria para la salvación.*

AG. 7 ***Deja que los muertos entierren a sus muertos.*** —Lc 9:60

REFLEXIÓN. Cuando Dios nos llama a seguirlo, es necesario solamente una cosa: obedecerle de inmediato. Otros factores tienen que ceder porque son un impedimento a esta obediencia. Deben dejarse de lado, cueste lo que cueste, aun si el precio es nuestra vida.

¿Considero el seguimiento de Cristo como la cosa más importante en mi vida?

ORACIÓN. *Señor, concédeme ser presto a cumplir Tu voluntad total y gozosamente, sin vacilación de ningún tipo.*

AG. 8 ***Tenemos que pasar por muchas tribulaciones para entrar en el Reino de Dios.*** —Hch 14:22

REFLEXIÓN. Nuestro destino eterno es entrar en el Reino de los cielos. Sin embargo, tenemos que pasar por muchas pruebas y tribulaciones para llegar a nuestra meta, donde tendremos la felicidad eterna.

¿Para llegar a ese destino no valen la pena de nuestra paciencia todos los sufrimientos que debemos afrontar en el camino, incluso la muerte?

ORACIÓN. *Salvador mío, fortaléceme para que pueda seguirte. Que la cruz de este mundo sea un día mi llave del cielo.*

Nunca jamás coma nadie fruto de ti. —Mc 11:14

AG. 9

Reflexión. Así fue maldita la higuera que no dio fruto. El juicio de Dios es inexorable. Los seres humanos no pueden eludirlo.

¡Ay de los que por una falsa esperanza en la misericordia de Dios se dejan disuadir de cumplir fielmente con sus deberes!

Oración. *Señor, concédeme servirte siempre con fidelidad perfecta. Santifícame, y bendice mi camino, para que un día pueda estar contigo por toda la eternidad.*

¿Y quién es mi prójimo? —Lc 10:29

AG. 10

Reflexión. Un discípulo de Cristo no puede preguntar: "¿Quién es mi prójimo?" Tiene que preguntar: "¿De quién soy prójimo?" ¿Quién necesita mi ayuda?

Si alguien pasa necesidad, debo intentar ayudarlo sin hacer preguntas.

Oración. *Señor, sé mi Maestro. Dame ojos abiertos y corazón compasivo para ver las necesidades de los demás, a fin de que siempre pueda cumplir Tu mandamiento de amor.*

AG. 11 ***Oh Señor, Tú eres grande, y grande es Tu nombre en poder.*** —Jr 10:6

REFLEXIÓN. El poder ilimitado de Dios es aún visible hoy. Si se te oculta es porque estás lejos de Dios.

¡Cuánto más cerca estás de una montaña, tanto más grande te parece!

ORACIÓN. *Señor, concédeme reconocer Tu grandeza y poder para que este conocimiento pueda beneficiar mi vida.*

AG. 12 ***Anímense y edifíquense unos a otros, tal como lo están haciendo.*** —1 Te 5:11

REFLEXIÓN. El deber del cristiano es ayudar a los demás para que alcancen el Reino de Dios; se trata de la ayuda que tengamos que brindarnos unos a otros mediante la oración, las palabras de aliento, y las asistencias concretas.

¿Hago esto o soy un tropiezo para alguien?

ORACIÓN. *Padre celestial, que Tu Reino se realice más y más en mí y también en todos los seres humanos, que son Tus hijos.*

A la verdad, la mies es mucha, pero los obreros son pocos. —Mt 9:37

AG. 13

REFLEXIÓN. La cosecha abundante de Dios se dañará necesariamente si nadie la recoge.

¿No he malgastado yo momentos preciosos que habría podido utilizar para ganar almas para Dios? ¿No ha habido ocasiones en las que Dios esperaba de mí en vano los frutos de Su Divina gracia?

ORACIÓN. *Dios misericordioso, perdona todos los malos usos de Tu gracia. Concédeme esperar atento la inspiración de Tu Espíritu, para que no dificulte, sino que fomente Sus acciones.*

No teman a los que matan el cuerpo, pero después nada más pueden hacer. —Lc 12:4

AG. 14

REFLEXIÓN. Aquellos que temen a los seres humanos caerán en sumisión a ellos y no servirán al Reino de Dios.

Sin embargo, los que temen a Dios por encima de todo son verdaderamente sabios, y nada puede perturbarlos, aunque tuvieran que sufrir y morir.

ORACIÓN. *Señor, dame la fuerza para que abandone todo temor humano y sirva sólo a Ti.*

AG. 15 ***María ha escogido la mejor parte.*** —Lc 10:42

Reflexión. Trabajar para Dios es algo bueno, pero es mejor dedicarse a Su santa voluntad. Por eso María, Madre de Dios, eligió la mejor parte: porque dedicó toda su vida al cumplimiento de la voluntad de Dios.

Su asunción en cuerpo y alma al cielo fue la coronación de esta vida totalmente entregada a Dios.

Oración. *Padre celestial, concédenos imitar el ejemplo de la Reina del Cielo. Que Te sirvamos mediante el cumplimiento más fiel de Tu santa voluntad para que así también alcancemos nuestro destino eterno.*

AG. 16 ***Más bien, crezcan en la gracia y en el conocimiento de nuestro Señor y Salvador Jesucristo.*** —Lc 12:4

Reflexión. La vida supone el crecimiento. La falta de crecimiento conduce al deterioro y la muerte. Asimismo, nuestra vida espiritual no puede experimentar declive de crecimiento.

Si dejamos de crecer espiritualmente, comenzamos a deteriorarnos y terminamos en la ruina espiritual. ¿Cómo estoy yo ahora?

Oración. *Mi Dios y Señor, concédeme crecer de día en día en Tu gracia y así acercarme más a Ti.*

Pidan, y se les dará; busquen, y encontrarán; llamen, y se les abrirá.

—Mt 7:7

AG. 17

REFLEXIÓN. ¡Esta palabra es como un "regalo" del tesoro de Dios! Es una promesa magnífica para quienes oran con una fe sólida como una roca, buscan con humildad filial, o llaman con paciencia constante.

Siempre experimentarán que Dios cumple Su palabra. Porque Él es siempre fiel.

ORACIÓN. *Dios mío, Te doy gracias de todo corazón por Tus promesas. Haz que se cumplan en mí.*

Ayuno dos veces por semana, doy diezmos de todo lo que poseo.

—Lc 18:12

AG. 18

REFLEXIÓN. El valor de nuestros actos depende de la intención de nuestro corazón. Si la intención es mala, todos los actos externos de piedad son inútiles. Pero si la intención es recta, entonces todo lo que se hace es bueno y será bendecido.

ORACIÓN. *Señor, concédeme ser siempre bueno, para que sea digno de Tu beneplácito.*

AG. 19

El que ama al padre o a la madre más que a Mí, no es digno de Mí. —Mt 10:37

REFLEXIÓN. Las relaciones de familia son santas y establecidas por Dios. Sin embargo, aquellos que se dejan separar de Dios por estas relaciones pervierten lo que es santo y establecido por Dios y se conviertan en pecadores.

¿Cuáles son mis relaciones con Dios? ¿Es Él mi único Bien y mi Todo? ¿O permito yo que otra criatura sea esto para mí?

ORACIÓN. *Señor, purifica y santifica mi amor. ¡Qué sólo Tú seas el Primero y el Último en mi vida!*

AG. 20

¿Maestro, no Te importa que nos ahoguemos? —Mc 4:38

REFLEXIÓN. Rápidamente se manifiesta nuestra falta de fe cuando surge algún obstáculo en nuestro camino. ¡Sin embargo, Dios no hizo nada para merecer mi desconfianza!

Dios está siempre presente y nunca actúa demasiado tarde, aun cuando parece que duerma. Debo poner más confianza en lo que Él hace y en Su providencia.

ORACIÓN. *Padre, a Tus pies pongo todos mis miedos. Concédeme confiar en Ti en la vida y en la muerte.*

El Reino de los cielos es como un grano de mostaza.

—Mt 13:31

AG. 21

REFLEXIÓN. Nunca juzgues por las apariencias. Las obras de Dios tienen comienzos sin incidentes y apenas perceptible.

Sin embargo, esos comienzos dan lugar a un milagro para quienes, con paciencia y perseverancia, dejan madurar la obra de Dios. ¿Estoy yo entre los que hacen esto?

ORACIÓN. *Dios eterno, perdóname si he estado impaciente. Dame todo lo que necesito para perseverar hasta el final.*

Mis ovejas oyen Mi voz; Yo las conozco y ellas Me siguen.

—Jn 10:27

AG. 22

REFLEXIÓN. El Salvador conoce a todos Sus hijos detalladamente, con sus talentos individuales, sus limitaciones, y sus necesidades. Y Él los cuida con la ternura de un pastor.

Lo que nos pide es simplemente que pongamos nuestra confianza en Él y Lo sigamos. ¿No Se lo merece el Señor?

ORACIÓN. *Salvador mío, bendíceme para que pueda seguirte por todos los caminos.*

AG. 23 ***Buena es la sal. Pero si se vuelve insípida, ¿cómo recuperará el sabor?*** —Lc 14:34

REFLEXIÓN. Es un deber de los cristianos poner fin a la corrupción de la moral y la depravación general en el mundo.

Quienes quieren cumplir con este deber no pueden adaptarse al hábito corrupto del mundo. Tienen que ser como la sal que sazona el mundo en bien.

ORACIÓN. *Señor, dame la plenitud de Tu Espíritu. Ayúdame a hacer en Tu Reino sólo el bien.*

AG. 24 ***Lleven los unos las cargas de los otros, y así cumplirán la ley de Cristo.*** —Ga 6:2

REFLEXIÓN. Cada necesidad de nuestro prójimo es un llamado a nuestro deber cristiano. Nos convoca a mostrar nuestro amor para con los demás.

Este amor no mira sólo nuestros propios dolores. Lleno de compasión, nos ayuda a sobrellevar los dolores de los demás. ¿Estoy consciente de este llamado?

ORACIÓN. *Padre mío, que mi obra más grande sea el amarte y mostrarte mi amor con obras de amor.*

AG. 25

Busquen primero el Reino de Dios y Su justicia, y todas estas cosas les serán añadidas.
—Mt 6:33

REFLEXIÓN. Las preocupaciones mundanas nos privan de mucho tiempo, energía, y alegría. Ten más confianza y deja que el Reino de Dios sea tu mayor interés.

Si haces esto, las preocupaciones diarias desaparecerán. El Padre Se ocupará de todas tus necesidades.

ORACIÓN. *Dios todopoderoso y eterno, concédeme buscar siempre lo Tuyo. Ayúdame en todas mis necesidades temporales y espirituales.*

AG. 26

El que los llama es fiel, y así lo hará [hacernos santos].
—1 Te 5:24

REFLEXIÓN. Dios no nos llama para abandonarnos luego a nuestro propio destino sin ninguna ayuda. Ya que Él no puede negarse a sí mismo, no puede ser infiel a nosotros.

Dios no da sólo un buen comienzo, sino también un buen fin. Simplemente tenemos que tomar Su mano bendita.

ORACIÓN. *Padre celestial, en medio de las aguas de mi infidelidad y mi debilidad, Tu fidelidad es firme como una roca. Eres mi fuerza en la vida y en la muerte.*

AG. 27

Hazme conocer el camino por el que debo andar. —Sl 143:8

REFLEXIÓN. Mostrarnos el camino es la tarea de Dios. Pero caminar por este camino es nuestra tarea. Y no podemos alejarnos de él.

¿De qué me sirve conocer el camino si no lo sigo? ¿O si lo abandono antes de alcanzar mi meta?

ORACIÓN. *Mi Señor y Maestro, hazme todo santo. Que con amor fiel pueda seguirte en todos Tus caminos.*

AG. 28

Si el mundo los odia a ustedes, tengan presente que a Mí Me ha odiado antes que a ustedes. —Jn 15:18

REFLEXIÓN. Es propio de la vocación de los discípulos de Cristo sembrar amor y cosechar odio. No te entristezcas por esto.

Considera el odio que se te muestra como una balanza. Cuanto mayor sea el peso del odio, más auténtico es tu amor al soportarlo.

ORACIÓN. *Salvador mío, átame totalmente a Ti, y haz que esté dispuesto a sufrir todo por Ti. Concédeme compartir Tus sufrimientos para que también pueda compartir Tu gloria eterna.*

Todos serán salados con fuego.
—Mc 9:49

AG. 29

REFLEXIÓN. Todos tenemos que controlar nuestra propia carne y sus malos deseos con la sal de la disciplina y la abnegación. Si no, seremos víctimas de nuestra carne.

Por eso, tengo que no ceder a cualquier inclinación al mal.

ORACIÓN. *Jesús mío, fortaléceme en la batalla contra el viejo yo. Concédeme crecer más y más como Tú.*

Anda entonces y haz tú lo mismo.
—Lc 10:37

AG. 30

REFLEXIÓN. No necesitamos pensamientos sabios sobre la voluntad de Dios. Lo que necesitamos es una preocupación constante por hacer la voluntad de Dios.

Dios nos muestra Su voluntad todos los días y en cada hora, a través de los eventos y circunstancias de nuestras vidas. ¿Me esfuerzo en hacer esa voluntad?

ORACIÓN. *Señor, Tú conoces mis debilidades y mis faltas. Dame la fuerza y la piedad para servirte con amor fiel, aun cuando esto me resulte difícil.*

AG. 31 ***Señor, ¿cuántas veces tengo que perdonar a mi hermano o hermana que peca contra mí?*** —Mt 18:21

REFLEXIÓN. Ésta es la cuestión de personas que no poseen a Cristo. Por eso, hay tanto sufrimiento en el mundo.

Los que quieren tener a Cristo como modelo deben ser compasivos y perdonar sin límites. Porque el perdón de Dios también es ilimitado.

ORACIÓN. *Señor mío y Dios mío, tengo vergüenza de mi egoísmo y de mis sentimientos mundanos. Concédeme que, en Tu amor compasivo, pueda ser hallado digno de Tu misericordia en el juicio futuro.*

SEPT. 1 ***Donde dos o tres se reúnen en Mi nombre, allí estoy Yo en medio de ellos.*** —Mt 18:20

REFLEXIÓN. Cristo puede estar presente sólo cuando nos reunimos en Su Nombre. Esto significa en Su amor y, en consecuencia, en el amor al prójimo.

Dios no está presente donde falta el espíritu de amor y nuestra voluntad se opone a la Suya. Es evidente el camino en que tengo que andar.

ORACIÓN. *Jesús, hermano mío, haznos una comunidad santa. Ayúdanos a crecer en amor por Ti y por los demás.*

SEPT. 2

Cuando seas invitado, ve y siéntate en el último lugar. —Lc 14:10

REFLEXIÓN. El deseo humano del primer lugar es completamente externo y no tiene importancia. Es una cuestión de orgullo y egoísmo. Aquellos que se regocijan en el servicio de Dios serán felices en cualquier lugar que se les asigne.

¿Cuál es mi actitud? ¿Busco yo preferencia?

ORACIÓN. *Salvador humilde, concédeme vencer todas las ambiciones mundanas y serte cada vez más agradable.*

SEPT. 3

Quien no está conmigo, está contra Mí. —Mt 12:30

REFLEXIÓN. O estamos con Dios, total y abiertamente, o estamos en Su contra. No hay camino intermedio guiado por la indiferencia, la pereza, y la cobardía.

Cristo Se ofreció a Sí Mismo totalmente. ¿No es Él digno de toda mi devoción?

ORACIÓN. *Señor, no me dejes ser tibio. Ayúdame a servirte con fidelidad total.*

SEPT. 4 *Éste recibe a los pecadores y come con ellos.* —Lc 15:2

REFLEXIÓN. Dios rechaza el pecado, pero no a los pecadores. Los busca para liberarlos de su miseria.

Todo amor debe actuar así: no condenando sino ayudando, aunque sea sólo con una oración silenciosa. ¿Rezo yo por la conversión de las almas?

ORACIÓN. *Dios amorosísimo, a Tu gracia encomiendo a todas las personas, especialmente a las que están lejos de Ti. Ten paciencia con todos nosotros, y haz que nos encontremos felices un día en Tu morada eterna.*

SEPT. 5 *Los que esperan en el Señor renovarán sus fuerzas.* —Is 40:31

REFLEXIÓN. Los que no quieren sucumbir en la dura lucha por la vida y la eternidad necesitan renovar sus fuerzas cada día. Porque, por lo general, Dios no cambia las circunstancias y las personas que forman parte de nuestra vida, y a veces nos causan sufrimiento.

Pero a quienes confían en Él, Dios les da la fuerza que necesitan. ¿Confío en Dios aun cuando me hace esperar mucho tiempo?

ORACIÓN. *Señor Dios, siempre fiel, restaura mi alma y enciéndela todos los días. Concédeme que pueda correr rápidamente a encontrarte.*

En verdad les digo, difícilmente un rico entrará en el Reino de los cielos. —Mt 19:23

SEPT. 6

REFLEXIÓN. La riqueza es poderosa y abre muchas puertas. Pero la riqueza es impotente a los ojos de aquellos cuyas esperanzas están puestas en las cosas eternas, a menos que se utilice según los planes de Dios, como un don que se nos ha confiado.

¿Qué prefiero ser: pobre en dinero y rico en gracia—o viceversa?

ORACIÓN. *Padre mío, ayúdame a separarme de los bienes terrenales, para que pueda alcanzar los del cielo.*

El Reino de Dios ya está entre ustedes. —Lc 17:21

SEPT. 7

REFLEXIÓN. El espíritu de Dios reina en Su Reino. Es el espíritu de amor.

¿Tengo yo el mismo espíritu de amor que me marca como miembro del Reino de Dios?

ORACIÓN. *Dios eterno, venga Tu Reino también en mí. Quita de mi alma todo lo que pueda obstaculizar Tu Reino dentro de mí.*

SEPT. 8

He aquí, una virgen concebirá y dará a luz un hijo y lo llamará Emanuel. —Is 7:14

REFLEXIÓN. La virginidad de María no es sólo corporal sino también espiritual. Significa una dedicación total a Dios, una consagración a Él, un matrimonio con Él.

El amor y la veneración de su virginidad son virtudes esenciales de la verdadera devoción a María. Si no seguimos a María con dedicación total al servicio de Dios, nuestras vidas no serán fructíferas.

ORACIÓN. *María, Madre purísima, consígueme la gracia de dedicar toda mi vida, con todas las fuerzas de mi cuerpo y de mi alma, al servicio de Dios.*

SEPT. 9

Rompan el barbecho y no siembren entre espinas. —Jr 4:3

REFLEXIÓN. No hay renacimiento, no hay renovación, sin la muerte de nuestro egoísmo. Es necesario cultivar todo el corazón; si no, las espinas de los hábitos pecaminosos siempre volverán a sofocar la bondad.

¿Trato de hacer esto? ¿Qué estoy haciendo para eliminar los impedimentos que hasta ahora han dificultado la obra del Espíritu Santo?

ORACIÓN. *Señor, Dios mío, renuévame y crea en mí un corazón puro.*

El Reino de Dios se les quitará a ustedes y se le entregará a un pueblo que produzca los frutos abundantes. —Mt 21:43

SEPT. 10

REFLEXIÓN. ¿Por qué se rechazó al pueblo elegido y se le quitó el Reino de Dios? Porque la gente no siguió el llamado Divino.

Los que no escuchan el llamado de Dios, y en lugar de servirle buscan sólo su propio placer, traicionan el Reino de Dios y serán rechazados. ¿Soy siempre fiel en hacer la voluntad de Dios?

ORACIÓN. *Dios todopoderoso, concédeme consagrar toda mi vida, todo mi tiempo, y todas mis fuerzas a Tu servicio. Haz que yo use las cosas temporales sólo para alcanzar los valores eternos.*

Si yo estuviera tratando de agradar a los seres humanos, no sería siervo de Cristo. —Ga 1:10

SEPT. 11

REFLEXIÓN. Ciertamente deberíamos tratar de amar a los demás y de complacerlos, pero nunca a costa de desagradar a Dios.

El Señor tiene el primer lugar. No se me consiente quitarle tiempo ni fuerzas para complacer a los seres humanos.

ORACIÓN. *Padre mío, de buena gana desagradaría a los demás y al mundo si esto Te agradara.*

SEPT.
12

Su Madre Le dijo: "Hijo, ¿por qué nos has tratado de esta manera?" —Lc 2:48

REFLEXIÓN. María tuvo que aprender con sufrimientos que la voluntad del Padre celestial estaba por encima de todo, incluso por encima de los derechos y deseos de su maternidad Divina.

¿Soy fiel a la voluntad de Dios, aunque a veces esto me traiga sufrimiento y angustia?

ORACIÓN. *Señor, hazme dispuesto y fuerte para seguir el ejemplo de la Madre de Tu Hijo. Ayúdame a buscar sólo Tu voluntad en mis acciones y sufrimientos y tratar de cumplirla con todo mi corazón.*

SEPT.
13

Háganse amigos por medio de las riquezas de este mundo. —Lc 16:9

REFLEXIÓN. No es posible ni necesario renunciar a todos los bienes terrenales. Pero no debemos usarlos meramente para nuestro placer. Debemos usarlos para la causa de Dios. Entonces, nuestro uso de los bienes de este mundo conseguirá un valor eterno.

ORACIÓN. *Mi Dios y mi Señor fiel, dame discernimiento sabio. Haz que me eleve por encima de todos los bienes y preocupaciones terrenales y nunca olvide lo único necesario.*

Jamás acontezca que yo me glo-ríe, sino en la Cruz de nuestro Señor Jesucristo. —Ga 6:14

SEPT. 14

REFLEXIÓN. Desde el momento en que por Su muerte Cristo redimió a la humanidad de la muerte eterna, la Cruz se ha convertido en un símbolo de honor.

Por lo tanto, pon todas tus fuerzas en convertirse en discípulo del Señor Crucificado, y encuentra la verdadera felicidad en la gracia que esto trae.

ORACIÓN. *Salvador mío, Tú no das la Cruz sin gracia, ni la gracia sin la Cruz. Concédeme entender el significado de la Cruz para que pueda participar de sus bendiciones.*

Los apóstoles dijeron al Señor: "¡Aumenta nuestra fe!" —Lc 17:5

SEPT. 15

REFLEXION. Dios no te impone más de lo que puedes soportar. No importa cuán grande sea la angustia, la opresión, y la oscuridad del futuro. Guarda una fe sólida en Dios.

Tal fe siempre Te sostendrá. Te proporcionará la fuerza que necesitas para soportar las cargas de la vida.

ORACIÓN. *Padre celestial, aumenta mi fe.*

SEPT. 16

Al orar, no usen palabras y palabras, como los Gentiles.
—Mt 6:7

REFLEXIÓN. Las oraciones no se miden por su extensión ni por sus marcas externas de devoción. Las palabras humanas por sí solas no tienen valor.

La verdadera oración proviene del corazón a través de la fe. ¿Por qué le presto tan poca atención a esto en mis oraciones?

ORACIÓN. *Señor, enséñame a orar. Concédeme ir a Ti como los niños vienen a su padre.*

SEPT. 17

Un poco de levadura fermenta toda la masa. —Ga 5:9

REFLEXIÓN. ¡Pequeñas causas. . . grandes resultados! Esto es cierto no sólo para el mal, sino también para el bien.

Por lo tanto, presta atención a las cosas buenas incluso en las formas más humildes, y ten cuidado con el mal en sus comienzos más insignificantes.

ORACIÓN. *Dios todopoderoso y eterno, hazme fiel aun en las cosas más pequeñas. No me dejes nunca olvidar que debo dar cuenta de todo ante Ti.*

El que sabe el bien y no lo hace comete pecado. —Sant 4:17

SEPT. 18

REFLEXIÓN. Pecamos no sólo por el mal que hacemos con pensamientos, palabras, y acciones, sino también por el bien que dejamos de hacer: las oportunidades para hacer el bien que nos escapan.

¿Examino mi conciencia también con respecto a los pecados de omisión?

ORACIÓN. *Señor, ayúdame a hacer siempre el bien. Concédeme ser una bendición para mis hermanos y hermanas.*

Ninguno de ustedes que no renuncie a todos sus bienes puede ser Mi discípulo. —Lc 14:33

SEPT. 19

REFLEXIÓN. Los verdaderos discípulos no aguantan la mediocridad. Los que no quieren renunciar a los bienes y placeres terrenales, no se han dedicado a Dios. Decir "sí" a Dios implica decir "no" al mundo.

Si puedo encontrar todo en Dios, ¿por qué no Le digo mi "sí" a Él?

ORACIÓN. *Salvador mío, ser Tu discípulo es la mayor felicidad. Nunca dejes que pierda esta felicidad por mi infidelidad.*

SEPT. 20 ***El que cumple Mi palabra, nunca morirá.*** —Jn 8:51

REFLEXIÓN. La muerte no debería ser como un espectro temido al final de nuestra vida, sino como un amigo que nos abre las puertas a la gloria eterna. El único requisito establecido por nuestro Salvador es guardar Su palabra y Sus mandamientos.

Si obedezco de buena gana, no necesito temer la muerte.

ORACIÓN. *Señor, concédeme que después de esta vida terrenal pueda un día regresar con gozo a mi hogar celestial.*

SEPT. 21 ***¿Qué provecho sacan los hombres con ganar el mundo entero si pierden su alma?*** —Mt 16:26

REFLEXIÓN. El trabajo y la adquisición de bienes terrenales son necesarios para preservar nuestra vida. Sin embargo, si la vida interior del alma se daña en el proceso, tal pérdida no puede compensarse ni siquiera por el mundo entero con todas sus riquezas.

Por lo tanto, debemos prestar atención a lo único necesario.

ORACIÓN. *Señor, enséñame a evitar cualquier ganancia que me haga daño. Ayúdame a acoger cualquier pérdida que fomente el crecimiento de mi vida espiritual.*

El amor nunca se acabará.

—1 Cor 13:8

SEPT. 22

REFLEXIÓN. Dios es amor. Dios es eterno. Por lo tanto, Su amor también es eterno.

El sol de Su amor está siempre en el cielo, aun cuando tú, a causa de las nubes oscuras, no puedes verlo.

ORACIÓN. *Padre mío, Te doy gracias por la fuente inagotable de Tu amor. Aunque Tu amor se muestre en el símbolo de la Cruz, nunca dejes de amarme.*

Yo estoy entre ustedes como El Que sirve.

—Lc 22:27

SEPT. 23

REFLEXIÓN. ¡Qué locura es la opinión del mundo que considera el servicio como humillante! No es el servicio lo que es degradante, sino el pecado. Servir es un honor, porque Cristo mismo vino entre nosotros para servir.

Este debe ser un servicio de abnegación, humildad, y amor. Entonces será un verdadero servicio según el ejemplo de nuestro Salvador y obtendrá la recompensa de Dios.

ORACIÓN. *Salvador amoroso, Te convertiste en el siervo de todos nosotros. Concédeme servirte siempre en mis hermanos y hermanas.*

SEPT. 24 ***Mediante Jesucristo, Dios cumpla en nosotros lo que Le agrada.***

—Heb 13:21

REFLEXIÓN. Tenemos que dar testimonio de la redención del Señor, pero debemos hacerlo por medio de nuestra conducta en lugar de nuestras palabras excelentes.

Hacer la voluntad de Dios, caminar de acuerdo con Su palabra, vivir en Su gracia, y morir en Su paz—éste es el mejor modo de demostrar que aún hoy el Señor vive y es poderoso.

ORACIÓN. *Señor de la vida, que Tu gracia sea siempre eficaz en mí, y hazme Tu instrumento para que la lleve a los demás.*

SEPT. 25 ***El Reino de los cielos es como un tesoro escondido en un campo que se descubrió.***

—Mt 13:44

REFLEXIÓN. Dios no discute: exige una dedicación total. Quiere que paguemos algo para obtener ese maravilloso tesoro de ser miembros de Su Reino.

¿Qué sacrificio hago para esto?

ORACIÓN. *Dios infinito, Padre amoroso, eres mío y yo quiero ser Tuyo. Concédeme sacrificar con alegría cualquier cosa que me impida disfrutar de la magnificencia de Tu Reino.*

SEPT. 26

Jesús volvió a preguntarle por segunda vez: "Simón, hijo de Juan, ¿Me amas?" —Jn 21:16

REFLEXIÓN. Esta pregunta está dirigida también a mí. Y mi destino eterno dependerá de mi respuesta.

¿Puedo hablar de amor si no lo demuestro con acciones?

ORACIÓN. *Sagrado Corazón de Jesús, ¡concédeme amarte cada vez más!*

SEPT. 27

Bueno es el Señor para los que en Él esperan, para el alma que Lo busca. —Lm 3:25

REFLEXIÓN. Es una ley fundamental de la fe y la experiencia de los fieles que Dios cuida de nosotros si nos preocupamos de Sus intereses. Entonces no te quejes de Dios diciendo que no es bueno contigo.

Más bien, golpea tu pecho con dolor. Porque muchas veces Le has dado la espalda con tus pecados.

ORACIÓN. *Señor, perdona toda mi ingratitud y toda mi infidelidad. Dame un deseo insaciable por Ti. Concédeme llevarte en mi corazón y no buscar a nadie más que a Ti, Padre de toda bondad.*

SEPT. 28

Quien tenga sed venga a Mí y beba. —Jn 7:37

REFLEXIÓN. El Señor no tiene nada que decir a los que están satisfechos. Pero a los que tienen sed de Él, a los que Lo desean, Él no los rechazará.

Esto es verdad también cuando deben venir de lugares lejanos a los cuales el pecado los ha llevado.

ORACIÓN. *Salvador mío, refresca mi alma sedienta con las aguas de Tu gracia y Tu amor. Concédeme ser saciado y sanado.*

SEPT. 29

Sé vigilante y refuerza las cosas que están a punto de morir. —Ap 3:2

REFLEXIÓN. No es suficiente pensar y actuar sólo por sí mismo y actuar por la propia alma y la eternidad.

Los que son bendecidos también deben ser una bendición para sus hermanos y hermanas y tratar de llevarlos a Dios.

ORACIÓN. *Padre amoroso, fortalece mi debilidad con Tu gracia. Empléame como ayudante fiel en Tu Reino.*

Si ustedes viven conforme a la carne, morirán. Pero, si por el Espíritu hacen morir las obras de la carne, vivirán. —Ro 8:13

SEPT. 30

REFLEXIÓN. Con Dios no se permite ni es posible ninguna mediocridad. O disciplinamos la carne, que es nuestro propio cuerpo, o sus deseos nos gobernarán.

¿Qué estoy resuelto a hacer—a disciplinar la carne o ser gobernado por ella?

ORACIÓN. *Señor, ¡cuántas veces me he opuesto a las inspiraciones del Espíritu Santo! Concédeme que en el futuro pueda seguir siempre Su voz en vez de mis propias inclinaciones, para que un día me una a Ti.*

No tengan miedo. ¡Soy yo! —Mt 14:27

OCT. 1

REFLEXIÓN. En todo lo que me acontece puedo escuchar las palabras de consuelo: "Soy yo. ¡No temas!" Dios está conmigo en cada dificultad.

Esto debería darme confianza ilimitada. ¡Qué yo eche fuera todo temor! porque tengo el amor ilimitado de Dios, y con Él lo tengo todo.

ORACIÓN. *Señor, sé en mí, y quédate conmigo en la vida y en la muerte.*

OCT. 2 ***Si es posible, y en cuanto dependa de ustedes, vivan en paz con todos.*** —Ro 12:18

REFLEXIÓN. ¡Que felices seríamos si pudiéramos vivir en paz con todos los seres humanos! Pero esto no es posible.

Si la amistad con el mundo nos convierte en enemigos de Dios, los cristianos necesariamente tienen que oponerse al mundo. Ésta es una condición para la paz con Dios.

ORACIÓN. *Dios eterno, concédeme ser siempre un embajador de Tu paz. Haz que todos los seres humanos busquen y encuentren la paz.*

OCT. 3 ***¡Si alguien piensa que está firme, tenga cuidado, no sea que caiga!*** —1 Cor 10:12

REFLEXIÓN. La confianza de cada persona en sí misma es necesaria, pero cuando se convierte en autoengrandecimiento es peligrosa. Nada conduce más fácilmente a la ruina que el orgullo del propio poder. Y nada protege más eficazmente de la ruina que la humildad.

La humildad nos permite orar por la ayuda y la protección de Dios en todas las cosas.

ORACIÓN. *Padre todopoderoso, dame Tu mano bendita. Que nada me separe de Ti.*

Éste estaba con Jesús de Nazaret. —Mt 26:71

OCT. 4

REFLEXIÓN. Éste sería un maravilloso epígrafe y un estupendo veredicto de Dios. Pero ay de mí si en mi vida se puede decir: una vez estuvo con Jesús ... pero ya no lo es.

Sí, hoy es difícil vivir con Jesús. Pero es más difícil vivir sin Él, y es incomparablemente más difícil morir sin Él.

ORACIÓN. *Mi Salvador y Redentor, concédeme ser Tu discípulo fiel por siempre.*

Nadie que echa mano al arado y sigue mirando hacia atrás es apto para el Reino de Dios. —Lc 9:62

OCT. 5

REFLEXIÓN. Un surco irregular lo hace la persona que, al arar la tierra, se vuelve para mirar hacia atrás. Asimismo, quien juzga según el mundo pierde de vista la radiante meta del Reino de Dios.

Los que quieren servir a Dios tienen que cortar con el pasado y estar completamente a su disposición. ¿Estoy dispuesto a hacer esto?

ORACIÓN. *Señor y Salvador, me llamaste. Presérvame fiel en todos Tus caminos hasta el fin.*

OCT. 6

Ustedes son una carta de Dios.
—2 Cor 3:3

REFLEXIÓN. Ser una carta—es decir, una revelación de Dios—¡qué gran vocación! ¡Si tan sólo los demás pudieran leer en nuestras vidas como se lee en las Sagradas Escrituras! ¡Ojalá todos los cristianos pudieran ser un sermón del Señor vivo y convincente!

¿Qué leen los demás en mí? ¿Qué espíritu guía mis acciones?

ORACIÓN. *Jesús mío, hazme imitarte. Concédeme ser una bendición para los demás.*

OCT. 7

El mayor de ustedes será el siervo de todos. —Mt 23:11

REFLEXIÓN. "Ser el que sirve" significa afrontar cada día los sacrificios que exige la caridad. Significa olvidarse de sí mismo y vivir para los demás. Significa renunciar a nuestros derechos y preocuparnos únicamente por nuestros deberes.

¿Me esfuerzo por lograr este espíritu de servicio desinteresado? Sólo así mereceré el nombre de "cristiano."

ORACIÓN. *Salvador amorosísimo, Tú quieres que Te sirva en los demás. Hazme dispuesto y listo para hacerlo con Tu gracia.*

Queridos, no se extrañen del fuego de la prueba que están soportando. —1 Pe 4:12

OCT. 8

REFLEXIÓN. Ninguna semilla da fruto sin el sol. Del mismo modo, nuestro yo interior nunca crecerá sin el fuego del sufrimiento.

Por eso, no te quejes de la cruz que Dios te ha dado. Más bien, dale gracias por trabajar en ti y por tener cuidado de ti.

ORACIÓN. *Dios fiel, dame fuerzas para aceptar mis sufrimientos. Que den fruto en mi vida.*

Dichosos los pobres de espíritu porque de ellos es el Reino de los cielos. —Mt 5:3

OCT. 9

REFLEXIÓN. El Reino de Dios comienza ya en esta vida, y también Su felicidad. Bienaventurados los que en su vida interior se separan de los bienes terrenales.

Son verdaderamente pobres porque lo son a los ojos de Dios y porque están en el camino que va hacia Dios. Sólo los pobres de espíritu pueden ser enriquecidos y bendecidos por Dios.

ORACIÓN. *Señor, hazme pobre en mí mismo y rico en Ti. Entonces no tendré deseos aparte de Ti y experimentaré la verdadera felicidad.*

OCT. 10

Dichosos los que lloran, porque ellos serán consolados. —Mt 5:4

REFLEXIÓN. La Cruz es una gracia y una bendición. Parece una fuente sagrada en la que los seres humanos son purificados por una especie de bautismo. Nacen de nuevo, maduran, y se enriquecen con nuevas fuerzas.

Por tanto, no pienses sólo en la carga de la Cruz, sino también en sus bendiciones.

ORACIÓN. *Padre amorosísimo, consuélame cuando lo necesito, y dame fuerzas cuando me ves sufrir. No me dejes nunca evitar la Cruz y sus bendiciones.*

OCT. 11

Dichosos los mansos, porque ellos heredarán la tierra. —Mt 5:5

REFLEXIÓN. Los egoístas y los sin escrúpulos hacen carrera en el mundo; los humildes son desechados.

Sin embargo, la experiencia enseña que los oportunistas no vencerán al mundo. Más bien, los humildes conquistarán los corazones.

ORACIÓN. *Jesús, modelo mío, quiero ser como Tú: manso y humilde de corazón. Ayúdame a pelear la buena batalla contra mi propia naturaleza para que la bendición prometida descienda sobre mí.*

Dichosos los que tienen hambre y sed de justicia, porque ellos serán saciados. —Mt 5:6

OCT. 12

REFLEXIÓN. Los que tienen hambre y sed de santidad y del Reino de Dios se dan cuenta de su propria humildad. Extienden sus manos hacia las manos de Cristo Redentor y beben abundantemente de la fuente de la gracia divina.

Por otro lado, los que son satisfechos de sí mismos y tienen una piedad cómoda se encontrarán ante una puerta cerrada.

ORACIÓN. *Padre celestial, hazme crecer cada día en bondad. Concédeme buscar más ser mejor que tener lo mejor.*

Dichosos los misericordiosos porque ellos recibirán misericordia. —Mt 5:7

OCT. 13

REFLEXIÓN. Las necesidades de los demás deben ser las nuestras. Las barreras del pecado y las piedras de tropiezo de la ingratitud humana que se encuentran en el camino tienen que ser superadas por nuestra misericordia.

De esta manera, nosotros también conseguiremos la misericordia de Dios.

ORACIÓN. *Dios de bondad, ensancha mi corazón con Tu amor misericordioso. Haz que el milagro de Tu misericordia brille a través de mí para Tu honor y gloria.*

OCT. 14

Dichosos los de limpio corazón porque ellos verán a Dios.
—Mt 5:8

REFLEXIÓN. Un corazón dividido o impuro puede estropear toda la vida. Esta fuente íntima de nuestros pensamientos, sensaciones, y sentimientos debería ser pura, es decir, sin mancha como el oro refinado.

Sólo entonces podremos ver la verdad, la belleza, y el amor de Dios y ser capaces de abrazarlo, comprenderlo, y verlo tal como es.

ORACIÓN. *Señor, crea en mí un corazón puro.*

OCT. 15

Dichosos los que procuran la paz, porque ellos serán llamados hijos de Dios.
—Mt 5:9

REFLEXIÓN. Los que quieren dedicarse al servicio de la paz tienen que superar las barreras creadas por el odio, la envidia, y el egoísmo. Para hacerlo, deben tener dentro de sí la paz del Espíritu Santo. No puede haber paz en el mundo sin paz con Dios.

¡Qué misión sublime para los hijos de Dios!

ORACIÓN. *Dios de paz, santifica a todos los seres humanos. Bendice sus pasos, para que sean mensajeros de Tu paz.*

Dichosos los perseguidos por causa de la santidad, porque de ellos es el Reino de los cielos.
—Mt 5:10

OCT. 16

REFLEXIÓN. ¿Eres tú un verdadero discípulo de Cristo? Entonces serás despreciado y perseguido como lo fue el Mesías antes que tú. Un cristianismo que se rinde a este mundo no es el cristianismo en absoluto.

Por lo tanto, el odio de este mundo es una prueba de que sus creencias se oponen al espíritu del mundo. Puedes consolarte con esto.

ORACIÓN. *Salvador amorosísimo, lléname de Tu Espíritu. Concédeme llegar a ser cada vez más como Tú, aunque el mundo me rechace a causa de esto.*

Oren sin cesar. —1 Te 5:17

OCT. 17

REFLEXIÓN. Si se reza poco, no es por falta de tiempo, sino por falta de amor. Un hombre que reza es bendecido. Todo lo que sucede, ya sea que lo alegra o sea que lo hace sufrir, se convierte para él en un camino que conduce a la felicidad con Dios.

¿Con qué frecuencia rezo? ¿Sólo cuando es necesario o a menudo?

ORACIÓN. *Señor, enséñame a orar. Concédeme ser feliz estando contigo.*

OCT. 18 ***Tienen necesidad de paciencia para hacer la voluntad de Dios y recibir lo que Él ha prometido.***

—Heb 10:36

REFLEXIÓN. La impaciencia es debilidad, terquedad, y no sigue el camino de Dios. Por el contrario, la paciencia es una potencia que hace la voluntad de Dios.

La paciencia es una fe viva expresada en los hechos cotidianos y confirmada por el sufrimiento. Se adhiere a Dios y, por eso, se asegura de Sus promesas Divinas.

ORACIÓN. *Padre amorosísimo, fortalece mi confianza en Ti. Ayúdame a aceptar con paciencia todo lo que Tu santa voluntad me pide.*

OCT. 19 ***Si ustedes saben interpretar la apariencia de la tierra y del cielo, ¿por qué no saben interpretar el tiempo actual?***

—Lc 12:56

REFLEXIÓN. No seas como las personas mundanas, que ven sólo lo que acontece en el mundo visible de los sentidos.

Incomparablemente más importante es la verdad del mundo invisible. Pero está escondida detrás del velo de la realidad visible.

ORACIÓN. *Dios todopoderoso, ayúdame a ver los acontecimientos temporales a través del prisma de la eternidad. Que den así frutos para mi alma.*

Porque eres tibio, y no frío ni caliente, te vomitaré de Mi boca. —Ap 3:15-16

OCT. 20

REFLEXIÓN. La tibieza es lo peor a los ojos de Dios. Es mejor estar frío que tibio.

De un Saulo nació un Pablo. Pero de un alma indiferente, como la de Pilato, ningún cristiano ha nacido jamás.

ORACIÓN. *Padre celestial, protégeme contra la tibieza. Bendíceme para que pueda servirte siempre con ardiente celo y así acercarme cada vez más a Ti.*

Me levantaré y volveré a mi padre. —Lc 15:18

OCT. 21

REFLEXIÓN. El pecado es la separación de Dios y la desviación del camino recto. Debemos "apartarnos" del camino de pecado si queremos regresar a la casa de nuestro Padre.

La oración sola no es suficiente. Tenemos que convertirnos a Dios en todos nuestros pensamientos, palabras, y acciones.

ORACIÓN. *Padre, Te doy gracias porque puedo volver a Ti siempre, aun cuando me he alejado mucho de Ti. Mantenme firme y no me dejes caminar de nuevo por la senda del pecado.*

OCT. 22

En todas partes se honra a un profeta, menos en su tierra.
—Mc 6:4

REFLEXIÓN. Los que no aceptan la verdad tampoco aceptan el testimonio de la verdad. Van en busca de sus defectos para justificar su rechazo con la conciencia.

Por lo tanto, siempre hay que dar testimonio de Dios a través de una vida sin mancha.

ORACIÓN. *Dios de bondad, haz mi camino siempre puro y santo. Que ninguna persona débil se escandalice por mi culpa.*

OCT. 23

Toda planta que Mi Padre celestial no haya plantado será desarraigada.
—Mt 15:13

REFLEXIÓN. Vemos aquí una mala hierba muy piadosa cubierta con lo que parece verdor y aparentemente dando frutos abundantes. Pero será desarraigada.

La vida espiritual auténtica existe sólo cuando las raíces están fijadas en la vida Divina, la gracia, y el amor.

ORACIÓN. *Señor Dios, Tú eres el Creador de la vida. Concédeme que viva para Ti, en Ti, y por Ti, para que sea digno de la vida eterna.*

Somos siervos inútiles. No hicimos más que cumplir con nuestro deber. —Lc 17:10

OCT. 24

REFLEXIÓN. Todo lo bueno que hagas es sólo tu deber y una gracia. No te enorgullezcas de tus obras y no pienses en lo que has hecho, sino en lo que no has hecho.

Entonces permanecerás humilde, a pesar de cualquier éxito que tengues. Sólo así agradarás a Dios.

ORACIÓN. *Dios infinitamente bueno, no tengo ningún derecho a Tu gracia. Que ella me sea Tu regalo por amor a Tu Hijo.*

El Señor perfeccionará lo que Él comenzó en ti; Tu gran amor, Señor, perdura para siempre. ¡No abandones la obra de Tus manos! —Sl 138:8

OCT. 25

REFLEXIÓN. Dios perfecciona Su obra de gracia en todos los que no se separan de Su cuidado paternal, porque Su bondad perdura para siempre.

¿Puede haber una mayor garantía de fe y certeza de salvación que ésta?

ORACIÓN. *Señor Jesucristo Crucificado, me encomiendo en vida y en muerte a Tus manos benditas que fueron clavadas en la Cruz.*

OCT. 26 ***No quebrará la caña cascada, ni apagará la mecha que se está extinguiendo.*** —Is 42:3

REFLEXIÓN. Jesús, lleno de amor y misericordia, eres la última esperanza y consuelo de los que van a morir y destruirse. Aunque el mundo entero me abandone, juzgue, y me condene, Tú nunca lo harás.

Bueno es si al menos un rayo del arrepentimiento y del deseo de Dios todavía arda dentro de mí.

ORACIÓN. *Mi Señor y Dios, confío en Ti sólo. Bendice y aumenta mi fe.*

OCT. 27 ***Yo me callé y no abrí mi boca, porque Tú eres Quien lo hizo.*** —Sl 39:10

REFLEXIÓN. Es necesario un tiempo de silencio. Dios echa Su ancla sólo en aguas tranquilas. Cuando hablo, el Señor enmudece; pero cuando guardo silencio, Él me habla y consuela mi alma.

¿No debería al menos probar este enfoque? Seguramente valdrá la pena.

ORACIÓN. *Señor, concédeme guardar silencio ante Ti cuando me hablas y deseas obrar en mí.*

La fe es la constancia de las cosas que se esperan y prueba de las que no se ven. —Heb 11:1

OCT. 28

REFLEXIÓN. ¡La fe debería hacernos felices y fuertes, fieles y seguros, porque la autoridad de Dios está detrás de ella! Se convierte en una fuerza viva que no se puede imaginar.

¿Me esfuerzo por preservar y aumentar esta fe?

ORACIÓN. *Padre celestial, me alegro de poder poner toda mi confianza en Ti. Fortalece mi fe y no permitas que nada la sacuda.*

Mientras todos dormían, llegó un enemigo y sembró mala hierba entre el trigo. —Mt 13:25

OCT. 29

REFLEXIÓN. ¿Por qué te quejas de la mala hierba en el campo de Dios? Más bien, golpéate el pecho.

Tú también eres culpable de contribuir a esto a través de tu letargo, indiferencia, y negligencia.

ORACIÓN. *Dios y Padre mío, perdóname toda negligencia e infidelidad. Bendice a mí y a todas las criaturas, para que un día nos recibas como buen grano en Tus graneros.*

OCT. 30 ***Su Padre sabe lo que ustedes necesitan antes de que Se lo pidan.*** —Mt 6:8

REFLEXIÓN. ¿No es Dios mi Padre? Entonces, por supuesto, puedo contarle todas mis esperanzas y preocupaciones, grandes o pequeñas, con confianza filial y la seguridad de ser escuchado.

No necesito muchas palabras. Mi Padre amoroso y omnisciente siempre me dará lo necesario para mi vida temporal y espiritual.

ORACIÓN. *Padre celestial, concédeme caminar siempre delante de Ti en santidad; entonces verdaderamente mereceré Tu amor y Tu ayuda.*

OCT. 31 ***El Hijo del Hombre vino a buscar y a salvar a los que se habían perdido.*** —Lc 19:10

REFLEXIÓN. No te engañes pensando que tienes la autoridad o la obligación de juzgar a los demás. El verdadero amor sigue el ejemplo de Cristo que no busca juzgar, sino salvar.

¿Qué hago para salvar a los demás?

ORACIÓN. *Dios eterno, Tú tienes misericordia y paciencia ilimitadas. Infunde estos sentimientos en mi corazón para que pueda dar frutos de misericordia y paz.*

Dios los puso a prueba y los halló dignos de Sí. —Sb 3:5

NOV. 1

REFLEXIÓN. ¿Cómo probó Dios a Sus santos? Por la virtud que forma parte de Su naturaleza—por el amor. Los que permanecen fieles al amor—incluso bajo la cruz—y muestran su amor por obras de amor, son los que son dignos de Dios.

¿Cómo soportaría yo la prueba de Dios?

ORACIÓN. *Corazón de Jesús, ardiendo de amor por mí, enciende mi corazón en amor por Ti.*

Tenemos un edificio [eterno] de Dios, una casa no hecha por manos humanas. —2 Cor 5:1

NOV. 2

REFLEXIÓN. En la esperanza de la eternidad, todo sufrimiento terrenal se transfigura. Un día, cuando esta vida difícil—y a veces casi insoportable—haya pasado, iremos a una magnífica morada eterna.

Ha sido preparada para nosotros, y será nuestra si no hemos renunciado a nuestra ciudadanía celestial.

ORACIÓN. *Padre perfecto que estás en los cielos, concédeme servirte siempre fielmente. Haz que un día obtenga un feliz regreso a Ti.*

NOV. 3 ***Esfuércense por entrar por la puerta estrecha.*** —Lc 13:24

REFLEXIÓN. No hay necesidad de argumentos sutiles sobre la voluntad de Dios y nuestro destino eterno.

Los que pasan por la puerta estrecha de la abnegación y de la obediencia a la voluntad de Dios hacen las obras de salvación. Éstos conseguirán la salvación eterna.

ORACIÓN. *Dios justo, sé siempre la meta luminosa de mis deseos y de mi vida. Concédeme un día llegar a mi morada eterna contigo.*

NOV. 4 ***Acérquense a Dios, y Él Se acercará a ustedes.*** —Sant 4:8

REFLEXIÓN. Dios esquiva al que se aparta de Él. Pero Dios se deja encontrar por quien Lo busca en su interior.

¿Estoy siempre consciente de la presencia de Dios? ¿O Lo he rechazado por pereza y mediocridad, escogiendo mi propio camino?

ORACIÓN. *Acércame cada vez más a Ti, Dios mío.*

Ningún siervo puede servir a dos patrones. —Lc 16:13

NOV. 5

REFLEXIÓN. Dios rechaza la mediocridad. Es un Dios celoso y quiere poseerme por completo.

Por eso, los que quieren servirle tienen que hacerlo con dedicación total ¿Es ésta mi actitud al tratar de servir a Dios?

ORACIÓN. *Mi Dios y mi Todo, deseo ser Tuyo en cuerpo y en alma. Concédeme servirte siempre con fidelidad absoluta, para que mis acciones encuentren gracia ante Tus ojos.*

Si ustedes aman sólo a quienes los aman, ¿qué recompensa tienen? —Mt 5:46

NOV. 6

REFLEXIÓN. Lo que llamamos amor tiene sus raíces principalmente en nuestro propio yo; y, por lo tanto, no es más que un deseo egoísta. Pero Dios exige un amor desinteresado que no busca sus propios intereses.

Sólo el amor espiritual puede vencer el poder de la maldad humana.

ORACIÓN. *Padre bueno, Tu Hijo Se revela tanto a los justos como a los impíos. Concédeme asemejarme a Ti en bondad, y haz que a través del amor pueda ganarte a mis enemigos.*

NOV. 7

Dios es Espíritu, y los que Lo adoran tienen que adorarlo en Espíritu y en verdad. —Jn 4:24

REFLEXIÓN. Los que quieren adorar a Dios en verdad deben darle el honor que Le corresponde.

Tenemos que amar a Dios siempre y sobre todo, incluso en el trabajo y entre los demás, con sencillez, humildad, sinceridad, y pureza de corazón.

ORACIÓN. *Señor y Dios, concédeme llevar una verdadera vida espiritual en dedicación total a Tu santa voluntad para que pueda adorarte en Espíritu y en verdad.*

NOV. 8

Comenzó Jesús a explicar a Sus discípulos que tenía que ir a Jerusalén y padecer mucho. —Mt 16:21

REFLEXIÓN. El sufrimiento es una escuela de vida. Sólo a través de él pueden los seres humanos conseguir la capacidad necesaria para ser perseverantes y la fuerza para lograr el crecimiento interior. Por eso, Dios no Se permite quitarle a nadie los padecimientos.

Debo confiar en Él y poner toda mi vida bajo Su guía.

ORACIÓN. *Señor, Tú no quitas el camino de la Cruz del que quiere acercarse a Ti. Concédeme una mejor comprensión de este camino y concédeme caminar por él para siempre.*

Guárdense de toda avaricia, porque la vida de una persona no depende de la abundancia de los bienes que posee. —Lc 12:15

NOV. 9

REFLEXIÓN. ¡La codicia de los bienes terrenales esclaviza y trae infelicidad a los seres humanos!

Sólo los que poseen a Dios son felices—ya sea que tengan mucho o poco.

ORACIÓN. *Señor, mi mayor bien, ayúdame a despreciar todo lo que no me lleve a Ti. Sé la vida y el deseo de mi alma, y hazme regocijar de poseerte.*

Padre.... —Mt 6:9

NOV. 10

REFLEXIÓN. La redención de Cristo nos ha dado una maravillosa felicidad: nos hemos convertido en hijos de Dios y participamos de Su naturaleza Divina. De este modo, tenemos, en todo momento, el derecho al amor y al cuidado del Padre. Pero el Padre también tiene derecho al amor y la obediencia de Sus hijos.

¿Tomo este compromiso en serio?

ORACIÓN. *Padre, concédeme ser siempre Tu hijo en quien Te puedas complacer.*

NOV. 11

Padre nuestro.... —Mt 6:9

REFLEXIÓN. El espíritu comunitario es un deber de vida. Pero una verdadera comunidad viva puede lograrse sólo cuando reina un amor sincero y desinteresado. Entre hermanas y hermanos de un mismo Padre debe excluirse todo egoísmo, desprecio, o prejuicio.

¿Considero a todas las criaturas como mis hermanos y hermanas?

ORACIÓN. *Padre celestial, haz que todos los seres humanos sean Tus queridos hijos e hijas y mis hermanos y hermanas.*

NOV. 12

... en los cielos. —Mt 6:9

REFLEXIÓN. Esto significa que somos ciudadanos no sólo de este mundo terrenal, sino también de otro mundo superior. Nuestra verdadera patria es el cielo, al que estamos destinados a regresar.

Este mundo es una preparación, un punto de partida que nos lleva al Padre que está en los cielos.

ORACIÓN. *Padre mío, concédeme vivir de tal manera en este mundo pasajero que pueda construir mi eternidad.*

... santificado sea Tu Nombre. —Mt 6:9

NOV. 13

REFLEXIÓN. La salvación del mundo se logra por medio de la santificación, es decir, la glorificación del Nombre Divino en palabras y hechos. Ésta es la voluntad de Dios.

¿Son mi vida, mis deseos, mis oraciones, mis acciones, y mis sufrimientos un himno constante de amor ardiente para la glorificación del Nombre de Dios?

ORACIÓN. *Padre perfecto, no dejes que me pierda entre los reflejos terrenales de Tu esplendor. ¡Qué sólo Tú seas mi Dios y mi Todo!*

Venga Tu Reino. —Mt 6:10

NOV. 14

REFLEXIÓN. El Reino de Dios, en cuanto es Reino de gracia, ya ha llegado. ¡Qué gran regalo, pero qué grave responsabilidad! Cada vez más debemos sentirnos movidos y conmovidos por esta gracia en lo más profundo de nuestro ser.

Siempre tenemos que tratar de preparar el camino de la gracia en nuestra vida para que pueda reformar y renovar a nosotros y a la faz de la tierra.

ORACIÓN. *Señor, concédeme ser una piedra viva en la construcción de Tu Reino.*

NOV. 15 *Hágase Tu voluntad, en la tierra como en el cielo.* —Mt 6:10

REFLEXIÓN. Nuestra salvación en el tiempo y en la eternidad depende enteramente de cómo conformamos nuestra vida a la voluntad de Dios, aceptándola con plena generosidad y fidelidad de corazón.

¿Cuál es mi actitud hacia la voluntad de Dios? ¿La veo y la sigo en todo lo que me pasa?

ORACIÓN. *Padre celestial, concédeme decir siempre un "Sí" resuelto cada vez que Tu voluntad me llame. Prepárame para cualquier sacrificio.*

NOV. 16 *Danos hoy nuestro pan de cada día.* —Mt 6:11

REFLEXIÓN. No se debería exagerar la preocupación por nuestro pan cotidiano, ni se debería ignorar.

Sólo así podremos dar al alma lo que le corresponde y al cuerpo lo que le corresponde.

ORACIÓN. *Padre celestial, proporciona a mí y a mis hermanos y hermanas todo lo necesario para nuestra vida terrenal diaria. Concédenos así desempeñar mejor la misión que se nos ha encomendado.*

Perdona nuestras ofensas como nosotros perdonamos a los que nos ofenden. —Mt 6:12

NOV. 17

REFLEXIÓN. Cualquier pecado, incluso el más grande, puede perdonarse porque la misericordia de Dios es infinitamente mayor que los pecados de los seres humanos. Pero Dios pide que también nosotros usemos la misericordia para con los demás y veamos en cada enemigo un instrumento de Dios.

¿Soy caritativo? ¿Perdono los pecados y faltas de los demás?

ORACIÓN. *Señor, dame la fuerza y la gracia para perdonar a todos los que me han hecho daño. Y concédeme a mi vez recibir misericordia de Ti.*

No nos dejes caer en tentación. —Mt 6:13

NOV. 18

REFLEXIÓN. Dios no permite las tentaciones y las pruebas para hacernos caer, sino para mostrar nuestra virtud y perseverancia.

Debemos dar la prueba de nuestra fuerza; debemos demostrar que nos oponemos a las tentaciones del mal y perseveramos constantemente y sin vacilar en el camino recto.

ORACIÓN. *Señor, ayúdame a vigilar para poder dominar todas las tentaciones. Afiánzame en la lucha, para que pueda vencer las tentaciones y así crecer en Tu gracia.*

NOV. 19

... sino líbranos del maligno.
—Mt 6:13

REFLEXIÓN. El Maligno trabaja constantemente para inducirnos a pecar. Para ello, se sirve de todo lo que conduce al pecado. Pero la gracia redentora de Cristo nos libera del Maligno.

¿Intento seriamente obtener esta gracia? ¿Persevero en ella conforme a mi fuerza?

ORACIÓN. *Padre celestial, Tú sabes lo que es peligroso para mí. Que Tu gracia me guíe sano y salvo a través de esta vida y me una a Ti en el cielo.*

NOV. 20

"Pero ustedes," Él les dijo, "¿quién dicen que soy Yo?"
—Mt 16:15

REFLEXIÓN. Sabemos y creemos que el Cristo es el Hijo de Dios. Pero, ¿es esta fe tan fuerte como para andar con Él, incluso en el camino de la Cruz?

Toda fe que no se transforma en dedicación total y personal a Cristo está muerta.

ORACIÓN. *Jesús, Hijo del Dios vivo, creo en Ti, espero en Ti, Te amo. Concédeme ser fiel a Ti hasta la muerte.*

Si permanecen en Mí ... pidan lo que quieran, y les será hecho. —Jn 15:7

NOV. 21

REFLEXIÓN. Los que viven en Jesús, que meditan en Sus pensamientos y son guiados por Su palabra, son personas "espirituales." Desean sólo lo que Jesús quiere.

Por eso, sus oraciones serán escuchadas. Porque oran siempre según la voluntad de Dios.

ORACIÓN. *Padre celestial, Te doy gracias porque me das todo lo que necesito para mi vida espiritual y corporal.*

Todo aquel que hace la voluntad de Dios es Mi hermano y Mi hermana y Mi madre. —Mc 3:35

NOV. 22

REFLEXIÓN. Hacer la voluntad de Dios significa escuchar Su palabra y seguirla. Esto suscita una comunión de fe que es misteriosamente regenerada por el Espíritu Santo.

Esta comunión de fe es incomparablemente mejor que cualquier vínculo de sangre. ¿He experimentado esta renovación en mí?

ORACIÓN. *Jesús, hermano mío, haz que todo mi ser se consuma en la voluntad del Padre para que sea digno de Tu amor.*

NOV. 23 *El que reciba a un niño como éste en Mi nombre, Me recibe a Mí.* —Mt 18:5

REFLEXIÓN. Todos los que llegas a conocer son mensajeros de Dios. Por eso, no prestes atenciones al rango o grado de las personas, sino considérelas como hijos de Dios.

Acoge a todos los que vienen a Ti en el Nombre de Jesús, aunque sean niños.

ORACIÓN. *Jesús, Hijo de Dios, eres hermano de todos los seres humanos. Concédeme verte y respetarte en todos, sin excepción.*

NOV. 24 *Haz esto y vivirás.* —Lc 10:28

REFLEXIÓN. No es lo que hacen los seres humanos lo que los salva, sino lo que hace Dios. Sin embargo, Cristo demanda la acción de los seres humanos como condición para la salvación.

¿Qué acción demanda? La acción de obedecer la voluntad de Dios.

ORACIÓN. *Salvador mío, la voluntad del Padre fue la pilastra de Tu vida. Dame también a mí la fuerza para lograrla, a fin de que la doctrina de fe se convierta también en la vida de fe.*

Por la fe, Rahab la ramera no pereció con los incrédulos. —Heb 11:31

NOV. 25

REFLEXIÓN. La salvación de una ramera es un mensaje de alegría. También da esperanza a aquellos que están perdidos sin esperanza.

¿Y cuál es el camino de la salvación? La fe que abre el corazón a la gracia de Dios.

ORACIÓN. *Padre eterno, creo en Tu misericordia y bondad. Por esta fe, ten misericordia de mí.*

Preparen el camino al pueblo; ... quítenle las piedras. —Is 62:10

NOV. 26

REFLEXIÓN. ¡Cuántas piedras de tropiezo hay en el camino: las piedras de la indiferencia, la insensibilidad, la presunción, y la dureza del corazón! Y muchos son heridos por ellas.

¿Trato de apartarlas de mi propio camino y del de los demás? ¿Intento llevar a Dios a todas las personas que conozco?

ORACIÓN. *Padre mío, no me dejes ser un obstáculo para nadie. Hazme el medio para llevar a los demás a Ti.*

NOV. 27 *A aquel que se le ha dado mucho, se le exigirá mucho.* —Lc 12:48

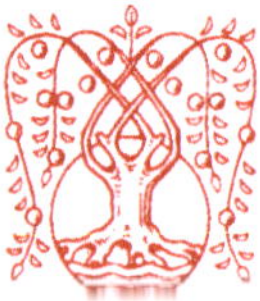

Reflexión. No envidies los regalos que se le han dado a los demás. Sé humilde y contento con lo que has recibido.

Dios no les pide a las personas más de lo que pueden dar. No Le importa la cantidad sino la fidelidad.

Oración. *Dios fiel, nunca me pides demasiado. Fortalece mi debilidad; y no tomes en cuenta lo que he hecho, sino lo que he querido hacer.*

NOV. 28 *Delante de ti he dejado abierta una puerta que nadie puede cerrar.* —Ap 3:8

Reflexión. La puerta está abierta: el libre acceso a la gracia de Dios está abierto a todos. Ningún poder en la tierra y ningún poder maligno del infierno pueden cerrar esta puerta si yo mismo no la cierro.

Ésta es una grave responsabilidad de todos los seres humanos: nunca descuidar la gracia, ni poner en peligro la salvación. ¿Me tomo este asunto en serio?

Oración. *Padre mío, aceptas a todos los que aspiran a Ti. Jamás permitas que me separare de Ti.*

Sin embargo, el más pequeño en el Reino de los cielos es mayor que [Juan el Bautista].
—Mt 11:11

NOV. 29

REFLEXIÓN. Grande es Juan el Bautista, pero un hijo de Dios es mayor que él. La pompa y la sabiduría mundanas desaparecen ante el esplendor de un alma redimida.

Este hecho debería alegrarme, a pesar de todos los sufrimientos.

ORACIÓN. *Padre celestial, Te doy gracias por la gracia de la filiación Divina. Haz que mi comportamiento corresponda siempre a esta gracia.*

La siega es el fin del mundo.
—Mt 13:39

NOV. 30

REFLEXIÓN. La vida terrenal es simplemente el momento de la siembra. Sólo en el Juicio Final se recogerá la mies, sólo entonces se realizará la separación entre el bien y el mal, entre el grano y la paja.

Los que no sirven el Reino de Dios y no dan fruto para la vida eterna son la paja y, como tales, serán rechazados. ¿A cuál pertenezco yo?

ORACIÓN. *Señor, tómame en Tus manos. Fortaléceme y protégeme, y concédeme que un día dé frutos preciosos.*

DIC. 1 *Su liberación se acerca.*

—Lc 21:28

REFLEXIÓN. "Liberación" significa Redención—¡el gozoso mensaje de Adviento! Pero debo ir al encuentro de mi Redentor con un corazón puro y con un amor dispuesto para el sacrificio.

Si no lo hago, la Redención no puede obrar eficazmente en mí.

ORACIÓN. *Salvador mío, otórgame Tu espíritu y Tu modo de pensar. Concédeme estar listo para la Navidad, para Tu nacimiento Divino en mi alma.*

DIC. 2 *El Reino de Dios está cerca.*

—Mc 1:15

REFLEXIÓN. La venida del Reino (o Dominio) de Dios es la gran misión de mi vida. Está en este mundo, pero no es de este mundo.

Por lo tanto, tengo que eliminar el espíritu del mundo en mis luchas diarias si quiero ser digno del Reino de Dios.

ORACIÓN. *Padre celestial, libra a mí y mis compañeros de los poderes de las tinieblas. Condúcenos a todos al Reino de Tu amado Hijo.*

Arrepiéntanse y crean las buenas nuevas. —Mc 1:15

DIC. 3

REFLEXIÓN. El arrepentimiento no consiste únicamente en acciones externas de mortificación. También implica una renovación interior, una conversión del alma.

Tengo que ser diferente y mejor interiormente, para que el Evangelio dé fruto en mí.

ORACIÓN. *Espíritu Santo, ilumíname y dame un cambio de corazón. Ayúdame a producir frutos dignos de arrepentimiento.*

Él tiene que crecer y yo tengo que disminuir. —Jn 3:30

DIC. 4

REFLEXIÓN. San Juan Bautista tuvo el trágico destino de ser el precursor de Aquel que era más grande que él. Pero ésta fue también la razón de la grandeza de Juan.

Cristo ha de crecer y reinar también en mí. Por tanto, tengo que luchar a diario para eliminar toda autoestima ilegítima.

ORACIÓN. *Señor, hazme humilde para que puedas entregarte a mí.*

DIC. 5

Quien no nazca de nuevo no puede ver el Reino de Dios.

—Jn 3:3

REFLEXIÓN. El Reino de Dios exige almas renovadas en espíritu. Por eso, tenemos que experimentar una transformación total de nosotros mismos, no externamente a través de un renacimiento corporal, sino internamente a través de la obra redentora de Dios.

Solamente los que están verdaderamente abiertos, sin reserva alguna, al Espíritu de Dios se convierten en nuevas personas en Cristo.

ORACIÓN. *Ven, Espíritu Santo, y obra en mí el milagro de una transformación interior. Haz que sea movido sólo por Ti.*

DIC. 6

A Ti, oh Señor, elevo mi alma. Dios mío, en Ti confío.

—Sl 25:1-2

REFLEXIÓN. Cada día que pasa me muestra claramente cuán lejos está mi alma de ser redimida y cuán perezosa todavía es.

Por eso, mi preocupación principal debe ser la oración confiada y constante al Redentor. Sólo en Él hay redención.

ORACIÓN. *Señor, si quieres, hoy mismo puedes hacer que mi alma renazca. Ayúdame a alcanzarlo por Tu gracia.*

El día está cerca. —Ro 13:12

DIC. 7

REFLEXIÓN. Tengo que despertarme del sueño. Debo llevar una vida en Cristo, con Cristo, y para Cristo.

Entonces habrá plena luz del día, el día de Dios, en mi alma; y no temeré el día del Juicio.

ORACIÓN. *Espíritu de Dios, quita toda oscuridad de mi corazón. Santifica mis pensamientos, palabras, y acciones, para que pueda convertirme en un hijo de luz.*

Salve, plena de gracia, el Señor está contigo. —Lc 1:28

DIC. 8

REFLEXIÓN. Ni el mínimo pecado ni ninguna imperfección pudieron tocar a la Virgen Madre de Dios. Esto lo exigió la dignidad de su Hijo Divino.

¿Medito en el hecho de que yo también soy portador de Dios? ¿Y trato de alcanzar la pureza perfectísima de corazón que esto exige?

ORACIÓN. *Oh María, concebida sin pecado, purifica mi corazón.*

DIC. 9

Despojémonos de las obras de las tinieblas y pongámonos la armadura de la luz. —Ro 13:12

REFLEXIÓN. Tengo que convertirme en un alma de luz. Por eso, necesito la armadura de la luz para poder desterrar los poderes de las tinieblas.

Las fuerzas humanas no son suficientes. Necesito la gracia de Dios para caminar a la luz del día y expulsar la oscuridad.

ORACIÓN. *Señor, sé mi protección y fortaleza. Concédeme caminar a la luz de Tu gracia.*

DIC. 10

Nadie que en Ti espere tendrá que avergonzarse. —Sl 25:3

REFLEXIÓN. Debo hacer todo lo que se espera de mí. Entonces podré esperar con confianza de mi Padre lo que me llevará a la salvación.

Dios realizará incluso un milagro antes que engañar el alma de Su hijo.

ORACIÓN. *Espíritu Santo, dame fe según la grandeza de Tu poder. Ven en mi ayuda según la medida de mi fe.*

La verdad brotará de la tierra, y la justicia mirará desde los cielos. —Sl 85:12

DIC. 11

REFLEXIÓN. Éste es nuestro llamamiento: dar fruto y ser santos en el Reino de Dios. ¿Puedo asumir esta importante misión?

No falta nada a la bendición de Dios, que es mía con el pedirla. Al mismo tiempo, nada debe faltar a mi celo y mi colaboracíon.

ORACIÓN. *Padre mío, Tú esperas grandes cosas de mí. Ayúdame con las bendiciones de Tu gracia, para que pueda realizar estas cosas según Tu voluntad.*

El cielo y la tierra pasarán, pero Mis palabras no pasarán. —Lc 21:33

DIC. 12

REFLEXIÓN. Dios siempre cumple Su palabra, porque Él es la Verdad eterna. ¿Y yo?

¿Soy siempre sincero en todo lo que digo? ¿Estoy siempre consciente de que cada palabra mía un día será un testimonio a favor o en contra de mí ante el tribunal de Dios?

ORACIÓN. *Dios fiel, ayúdame a decir siempre la verdad para que pueda responder a ella sin temor.*

DIC. 13 *¿Eres Tú el Que ha de venir o debemos esperar a otro?* —Mt 11:3

REFLEXIÓN. ¿Por qué ando buscando ayuda de todos, excepto de Dios? Dios siempre está cerca de mí, y nunca me engañará ni decepcionará.

Él me llenará con Sus dones espirituales: justicia, paz, y gozo en el Espíritu Santo.

ORACIÓN. *Señor y Salvador, estás dentro de mí por medio de Tu gracia. Permanece en mí y hazme siempre más espiritual a través de Tu Espíritu Santo.*

DIC. 14 *Dichoso es el que no halle tropiezo en Mí.* —Mt 11:6

REFLEXIÓN. Es difícil comprender los caminos de Dios que están por encima de los nuestros. Nuestras ambiciones son a menudo de naturaleza mundana; y a causa de ellas, nos escandalizamos por Él.

Sería mucho mejor examinarnos a nosotros mismos para conformar nuestros caminos a los de Dios y poder servir mejor a Él y a los demás con amor y fidelidad.

ORACIÓN. *Señor, eres eterna sabiduría y paciencia. Dame luz y fuerza, para que pueda verte y confesarte en todo, aun en lo que no entiendo.*

Hágase conmigo conforme a Tu palabra. —Lc 1:38

DIC. 15

REFLEXIÓN. Todo lo que me pasa cada día y cada hora es un llamado de Dios. Tengo que responder con dedicación generosa y disposición presta al sacrificio.

Entonces poseeré el secreto de María, que es el de la Encarnación: ¡Dios en mí!

ORACIÓN. *Padre celestial, concédeme estar siempre presto a obedecerte. Quiero ser Tuyo y vivir en todo según Tu voluntad.*

Alégrense siempre en el Señor. —Flp 4:4

DIC. 16

REFLEXIÓN. El gozo es un deber del cristiano. Los cristianos alegres honran su fe, mientras que los tristes a menudo alejan a otros del Evangelio.

¿Por qué no regocijar? ¿No es Cristo, mi hermano, más fuerte que el pecado, el sufrimiento, y la muerte?

ORACIÓN. *Querido Dios, que me regocije siempre en Ti. Ayúdame a ser un mensajero de felicidad a mis hermanos y hermanas.*

DIC. 17

No se inquieten por nada. Presenten sus peticiones a Dios.

—Flp 4:6

REFLEXIÓN. Preparar y proveer son cosas buenas. Sin embargo, la ansiedad no aliviada sirve sólo para paralizarnos.

Quiero poner todas mis preocupaciones en las manos del Padre. Él siempre provee para mí.

ORACIÓN. *Padre celestial, Te doy gracias porque Tu amor nunca se extingue. Concédeme todo lo que necesito para mi alma y mi cuerpo.*

DIC. 18

Que su bondad sea evidente a todos. El Señor está cerca.

—Flp 4:5

REFLEXIÓN. El Señor quiere venir a nosotros con misericordia y amor. Yo también debería difundir el amor para prepararle el camino y ser digno de Su amor.

¿Busco servir a los demás para que el Señor venga a ellos a través de mí?

ORACIÓN. *Mi Salvador y Redentor, concédeme irradiar Tu bondad a los demás. Ayúdame a encender la luz del amor y la paz en todos los que encuentro, para que me prepare para Tu venida.*

Entre ustedes está Uno a Quien no conocen. —Jn 1:26

DIC. 19

REFLEXIÓN. Cristo está en nuestras iglesias, pero también está en cada persona. ¿Estoy convencido de esto y lo demuestro en mi forma de actuar con los demás?

Qué terrible si un día yo escuchara el juicio: "¡No los conozco porque no Me reconocieron en Mis hermanos y hermanas!"

ORACIÓN. *Salvador mío, no me permitas olvidar que estás cerca de mí. Ayúdame a verte siempre en los demás.*

¿Cómo podrá suceder esto? —Lc 1:34

DIC. 20

REFLEXIÓN. Aunque no Lo veo, mi actitud hacia Dios no debe cambiar. Su omnipotencia, sabiduría, y bondad son siempre la garantía de un buen fin.

Por eso, quiero poner con confianza en Sus manos todos los acontecimientos de mi vida. Todo lo que Dios hace está bien hecho.

ORACIÓN. *Señor, llévame a donde quieras. Sin reserva me abandono a Ti.*

DIC. 21 ***No tengas miedo, María, porque has hallado gracia delante de Dios.*** —Lc 1:30

REFLEXIÓN. El Señor me ha llamado a mí también, y me ha aceptado en Su amor. Me ha llenado con la riqueza de Su gracia.

Por tanto, tengo que apartar de mí ansiedades y preocupaciones, dudas y escrúpulos. La omnipotencia y el amor de Dios son infinitos.

ORACIÓN. *Señor y Padre, mi confianza en Ti es ilimitada. Con Tu mano me abrigas bajo Tu solicitud amorosa, y me guiarás en la vida y en la muerte.*

DIC. 22 ***Ninguna cosa será imposible para Dios.*** —Lc 1:37

REFLEXIÓN. Cuando Dios llama, no es necesario hacerle ninguna pregunta, sólo obedecerle. No necesito entender, sino confiar.

Nada Le es imposible. Me ayuda según la medida de mi confianza.

ORACIÓN. *Padre mío, Tú eres todopoderoso. Convierte mis preocupaciones en confianza, mi depresión en serenidad, y mi inquietud en seguridad y paz.*

Digan a los de corazón temeroso, "Sean fuertes, no tengan miedo."
—Is 35:4

DIC. 23

REFLEXIÓN. El Hijo de Dios viene como un niño para que yo pueda apartar de mí ansiedad y miedo. ¡Cuán grandes son la gracia y la bondad de Dios!

Esto debería suscitar en mí una confianza ilimitada y una gratitud incesante expresada en palabras y hechos.

ORACIÓN. *Dios amorosísimo, Te doy gracias por la Encarnación de Tu Hijo. Tengan que desaparecer el miedo y la ansiedad en Tu presencia, porque sé cuánto me amas.*

He aquí, tu rey viene a ti.
—Za 9:9

DIC. 24

REFLEXIÓN. El hermoso Niño del pesebre es mi hermano. Pero Él es también mi Dios y Rey Divino a Quien debo adoración, obediencia, amor, y fidelidad hasta que muera.

¿Está mi vida dedicada al servicio de este Rey, sin excepción y sin desviación?

ORACIÓN. *Jesús, vivo para Ti; Jesús, muero para Ti; Jesús, quiero ser Tuyo en la vida y en la muerte.*

DIC.
25

Hoy ha nacido un Salvador.

—Lc 2:11

REFLEXIÓN. Hoy nos asombramos por el estupendo acontecimiento que se nos presenta. ¡El Hijo de Dios viene como un hermoso Niño acostado en un pesebre! ¡Ahora el cielo y la tierra están unidos! Dios toma la mano de los pecadores humanos y los eleva a Su vida Divina.

Quiero ir a Jesús Que está lleno de gozo. De Su plenitud espero recibir gracia sobre gracia.

ORACIÓN. *Querido Niño Jesús, concédeme ser todo Tuyo.*

DIC.
26

Gloria a Dios en las alturas, y en la tierra paz entre los hombres en quienes Él Se complace.

—Lc 2:14

REFLEXIÓN. El honor y la gloria de Dios son el propósito final de toda la revelación Divina. También es el propósito de toda vida humana.

Cuando se honra a Dios, toda envidia y discusión desaparecen. Hay paz, hasta en la tierra.

ORACIÓN. *Señor, haz que toda mi vida sea un himno continuo de alabanza a Ti. Que Te honre a Ti y que traiga alegría y paz a los seres humanos.*

Él fue manifestado en la carne.
—1 Tim 3:16

DIC.
27

REFLEXIÓN. El humilde Niño en el pesebre no nos revela la majestad y gloria de Dios. Pero sí, revela algo acerca de Dios: Su amor infinito.

El amor de Dios es tan grande que se humilla al máximo para estar cerca de nosotros en el amor.

ORACIÓN. *Hijo Divino, quiero amarte como Tú me has amado a mí.*

Vino a los Suyos, y los Suyos no Lo recibieron.
—Jn 1:11

DIC.
28

REFLEXIÓN. Mediante la creación y la redención, yo soy del Salvador. Si no reconozco Su derecho de propiedad, no podré recibirlo y me separaré de Mi Salvador y Redentor.

Sólo en Cristo puedo encontrar mi felicidad en este mundo y por toda la eternidad.

ORACIÓN. *Oh mi Salvador y Redentor, toma plena posesión de mi corazón. Que se convierte en Tu propiedad y Tu morada. Concédeme vivir en Tu Corazón Divino.*

DIC. 29

A cuantos Lo recibieron les dio el derecho de ser hijos de Dios.

—Jn 1:12

REFLEXIÓN. Ser hijo de Dios significa tener una conversación santa con el Padre celestial, caminar de la mano, y descansar en Su Corazón por toda la eternidad.

Éste es el mayor milagro que se le puede otorgar a un alma: aceptar a Cristo y concederle que reine en la propia vida. ¿Quién posee mi corazón?

ORACIÓN. *Mi Señor y Salvador, haz que todo lo que hago y todo lo que poseo Te sea consagrado a Ti. Ayúdame para que pueda comportarme siempre como un hijo de Dios.*

DIC. 30

Caminen mientras tienen la luz, para que no les sorprendan las tinieblas.

—Jn 12:35

REFLEXIÓN. Sin Dios, todo es tinieblas horrendas; pero con Dios, todo es luz. Mi propio camino, por muy oscuro que sea el futuro, está totalmente bañado en esta luz.

Quiero caminar en ella con valentía y amor, porque sé que mi Salvador está conmigo. En el nuevo año, tengo que ir también hacia el día de Cristo.

ORACIÓN. *Oh Jesús, mi guía, acércate y quédate conmigo. No permitas que me desvíe de mi destino eterno.*

Quédate con nosotros, porque está atardeciendo y el día ya ha declinado. —Lc 24:29

DIC. 31

REFLEXIÓN. Ésta es una oración maravillosa que conviene pronunciar al final del año. Sin Dios, la vida misma es imposible. Con Dios, todo es santificado y bendecido: cada paso y cada iniciativa.

En el año que está por comenzar, debo dejar que Cristo sea mi Guía. Entonces mi vida será un ascenso feliz al Padre, aunque el camino sea sembrado de espinas y bañado en sangre.

ORACIÓN. *Señor, que todo esté en Tus manos, ambos el principio y el fin.*

Oración para Pedir a Dios lo Necesario para Salvarse

CREO, Señor,
pero afirma mi fe.
Espero, pero asegura mi esperanza.
Amo, pero inflama mi amor.
Me arrepiento, pero aumenta mi arrepentimiento.

Te adoro como primer principio.
Te deseo como mi fin último.
Te alabo como mi bienhechor perpetuo.
Te invoco como mi defensor propicio.

Dirígeme con Tu sabiduría.
Contenme con Tu justicia.
Consuélame con Tu clemencia.
Protégeme con Tu poder.

Te ofrezco, oh Señor,
mis pensamientos para que sean en Ti,
mis palabras para que sean pronunciadas para Tu gloria,
mis acciones para que sean según Tu voluntad,
mis sufrimientos para que sean aceptados por amor a Ti.

Quiero lo que Tú quieres.
Lo quiero porque Tú lo quieres.
Lo quiero como Tú lo quieres.
Lo quiero mientras Tú lo quieres.

Oración para Pedir a Dios lo Necesario para Salvarse

Te pido, oh Señor,
que ilumines mi entendimiento,
inflames mi voluntad,
purifiques mi cuerpo,
y santifiques mi alma.

Que yo llore las iniquidades pasadas,
rechace las tentaciones futuras,
corrija las inclinaciones viciosas,
y cultive las virtudes necesarias.

Oh buen Dios, concédeme,
amor a Ti,
odio a mí,
celo del prójimo,
y desprecio del mundo.

Que yo procure obedecer a mis superiores,
asistir a mis inferiores,
ayudar a mis amigos,
y perdonar a mis enemigos.

Concédeme vencer la sensualidad con la austeridad,
la avaricia con la largueza,
la ira con la mansedumbre,
y la tibieza con la devoción.

Hazme prudente en los consejos,
constante en los peligros,
paciente en las adversidades,
y humilde en la prosperidad.

Oración para Pedir a Dios lo Necesario para Salvarse

Haz, Señor, que yo sea atento en la oración,
sobrio en la comida,
empeñoso en mi trabajo,
y firme en mis propósitos.

Haz que me aplique a alcanzar la inocencia interior,
la modestia exterior,
la conversación edificante,
y una vida ordenada.

Que me esfuerce por domar mi naturaleza,
secundar a la gracia,
guardar los mandamientos,
y merecer la salvación.

Dame a conocer cuán frágil es lo terreno,
cuán grande lo divino,
cuán breve lo temporal,
y cuán perdurable lo eterno.

Concédeme preparar para la muerte,
temer el juicio,
evitar el infierno,
y conseguir el paraíso—
por Cristo nuestro Señor.

—Papa Clemente XI (1649-1721)

ISBN 978-1-953152-61-9
90000
9 781953 152619